Michael Weber

Schütze Weber,
melde Stube 320 mit 5 Mann belegt

Tagebuch eines Wehrdienstleistenden

Dieses Buch enthält eindeutigen Text,
der als anstößig empfunden werden könnte!

– Impressum –

© Michael Weber

Layout und Grafiken:
Firma WEsignU

m.weber@WEsignU.de
www.WEsignU.de

Herstellung und Verlag:
Books on Demand GmbH, Norderstedt
ISBN 978-3-8370-7632-5

Stube 320

Während der Grundausbildung wurde ich einer Stube mit der Nummer 320 im ersten Stock unseres Gebäudes zugewiesen, welche ich die drei Monate lang mit vier weiteren Kameraden teilen sollte. Diese vier Stubenkameraden waren Hans Schwarz, Georg Schaf, Emil Hämmrer und Adler Franz. Wir waren ein tolles Team, hatten immer unseren Spaß und hielten zusammen, wenn es erforderlich war.

Alkohol bei der Bundeswehr

Bevor ich selbst zur Bundeswehr kam, hörte ich immer wieder Geschichten darüber, dass bei der Bundeswehr sehr viel Alkohol getrunken wird, und die Soldaten meist betrunken sind.

Das stimmt so natürlich nicht, im Gegenteil, es wird peinlichst darauf geachtet, dass im Dienst kein Alkohol getrunken wird und dass die Soldaten nüchtern zum Dienst *antreten*.

Dennoch kann ich die Entstehung der oben erwähnten Geschichten nachvollziehen. Es ist nun mal so, dass die Jungs gerade während der Wehrdienstzeit meist in dem Alter sind, in dem sie am unvernünftigsten sind, und jede Menge unvernünftige Sachen unternehmen, wozu neben Sachen wie zu schnell Auto fahren (was den Soldaten im Allgemeinen ja auch oft vorgeworfen wird, besonders am Freitag Mittag) ... oft auch starker Alkohol-Konsum gehören. Alleine diese Tatsache reicht nun schon aus, dass ein schlechtes Bild auf die Bundeswehr projiziert wird, obwohl diese an sich gar nichts dafür kann, sondern vielmehr das Alter bzw. die Phase der Wehrdienstleistenden Schuld daran hat.

Außerdem kommt während der Grundausbildung dazu, dass der ein oder andere den Druck, der auf ihn ausgeübt wird hin und wieder verdrängen und vergessen muss, und das geht eben in den wenigen Stunden, die man unter der Woche Zeit dafür hat, am einfachsten mit dem Genuss einer großen Menge Alkohol. Meine Kameraden aus der *AGA* und ich haben das zum Beispiel jeden Mittwoch gemacht, das war der Tag, an dem die örtliche Disko geöffnet hatte, und dort kam es auch hin und wieder dazu, dass wir nicht mehr ganz so nüchtern in die Kaserne zurück kamen. Doch das war eine gute Gelegenheit, um den anderen Jungs locker näher zu kommen, Spaß mit ihnen zu haben, und einfach mal den ganzen Bundeswehr-Grundausbildungs-Druck wenigstens für ein paar Stunden von uns zu schieben und zu vergessen. Im Endeffekt waren das aber gerade mal drei bis vier Stunden pro Woche, in denen wir uns gehen ließen.

Ich kann mir allerdings gut vorstellen, dass der Typ hinter der Bar zuhause davon erzählte, wie die Jungs von der Bundeswehr jede Woche kommen, und sich die Rübe zu saufen, und diese Erzählung dann die Runde macht, obwohl niemand den Hintergrund kennt.

Und dann gibt es noch einen dritten Punkt, nämlich die Tatsache, dass einige Soldaten, vor allem die, welche sich länger verpflichtet haben, oft wochenlang nicht nach Hause kommen, und der ein oder andere deshalb vielleicht öfter mal ein Bier zu viel trinkt. Dieser Punkt ist allerdings dann schon eher problematisch, aber Gott sei Dank nicht so oft der Fall.

Alles in allem ist es auf keinen Fall so, dass bei der Bundeswehr gesoffen wird. Es kann höchstens auf Grund der eben erwähnten Tatsachen dazu kommen, dass die Soldaten in ihrer Freizeit das ein oder andere Mal etwas zu viel trinken. Während des Dienstes im Normalfall aber keinen Schluck Alkohol zu sich nehmen.

Zapfenstreich

Der Zapfenstreich ist um 23:00 Uhr.
Zum Zapfenstreich müssen alle Soldaten im Bett liegen. Nur einer muss noch wach sein um die Stube abzumelden.
Er muss dem Ausbilder, welcher um 23:00 Uhr seinen Rundgang durch jede Stube macht, mitteilen, dass alle da sind, und zuvor das Revier gereinigt haben.
An den Zapfenstreich mussten wir uns nur während der Grundausbildung halten.

Guten Morgen

Aus dem Bett gehetzt wurden wir während der Grundausbildung meist um 5:00 Uhr

Meine Zeit vor der Bundeswehr

- Ca. 5 Jahre vor meiner Bundeswehrzeit bekam ich einen Brief vom Kreiswehrersatzamt zur Vorbereitung meiner Musterung. Diesem Brief lag ein Fragebogen bei.
- Dann teilte mir meine Gemeinde irgendwann mit, dass ich als Wehrpflichtiger erfasst wurde.
- Am 08.01.2001 erhielt ich dann eine Einladung zur Musterung
- Die Musterung fand am 05.02.2001 statt. Hier musste ich einige Tests machen.
  - o Sowohl meine körperliche wie auch meine geistige Fitness wurden getestet.
    - ▪ Ich musste ein paar Fragen an einem Computer beantworten. Es erinnerte mich an die klassischen Einstellungs-Tests.
    - ▪ Danach checkte mich noch eine Ärztin durch (inkl. Berüchtigtem Griff)
  - o Tauglichkeitsgrad: 2 (Wehrdienstfähig, mit Einschränkungen für bestimmte Tätigkeiten)
- Ich wurde dann auf Anfrage meiner Firm noch mal zurück gestellt. (Auf Grund begonnener Berufsausbildung)
- Irgendwann nach meiner Berufsausbildung kam dann der Einberufungsbescheid vom Kreiswehrersatzamt, indem sämtliche Daten standen:
  - o Wo muss ich wann das erste mal erscheinen,
  - o Was muss ich alles mit bringen,
  - o ...
- Am 11.12.2002 bekam noch mal eine „persönliche" Einladung von meiner zukünftigen Kompanie in Hemau zum Dienstantritt am 02.01.2003.

Tagebuch

- Noch-Zivilist -

23. Dezember <noch 10 Tage>

Nun ist es soweit, vor einer Woche habe ich meinen Arbeitsplatz geräumt, mich von meinen Kolleginnen und Kollegen verabschieden und mir noch `n paar mehr oder weniger geistreiche Tipps mit auf den Weg geben lassen. Jetzt befinde ich mich mitten in einem gut zwei Wochen langen Urlaub zum entspannen, aber irgendwie habe ich schon immer den 02.01. im Hinterkopf. Der zwote erste, ein Donnerstag, an dem ich mein Leben als Soldat beginnen soll. Ich sehe diese zwei Wochen eher als Vorbereitungs-Phase, in denen ich noch ein paar Sachen erledige und einkaufe, die mir in meiner Bundeswehr-Zeit nützlich sein sollten. Nachdem ich mir das erste Mal richtig sorgfältig meine Einberufungsunterlagen durchgelesen habe, schrieb ich mir einen kleinen Plan, was ich noch zu besorgen habe. Zugfahrkarte, Waschzeug ...

Nachdem ich nun das meiste besorgt habe, erhielt ich vor ein paar Tagen ein neues Schreiben direkt aus Hemau, dem kleinen Kaff bei Regensburg, in dem ich meine 3 Monate Grundausbildung hinter mich zu bringen habe.

Natürlich werden dort wieder andere Sachen aufgezählt, die ich mitzubringen habe. Und was mich am meisten stört, ich soll nun schon um 11:00 Uhr da sein, und nicht erst um 14:00 Uhr, wie es im ersten Schreiben hieß. Das erwies sich nun auch schon beim Kaufen der Zug-Fahrkarte als Problem, da es mit den Verbindungen, welche die Deutsche Bundeswehr bezahlt, gar nicht möglich ist, von meinem Heimatort aus um 11:00 Uhr in Hemau zu sein. Natürlich zahle ich nun selbst 10 Euro drauf, damit ich den ICE benutzen kann, und nicht schon am ersten Tag zu spät komme.

Nach längerer Überlegung, habe ich mich heute dazu entschlossen, mein Leben als Soldat nebenbei zu dokumentieren. Mal sehen wie lange ich es durch ziehen werde, Datum und Gedanken zu notieren.

27. Dezember <noch 6 Tage>

Die Weihnachtsfeiertage sind vorbei, die Tipps der Verwandtschaft in der Tasche.
In den letzen Tagen habe ich viele Verwandte getroffen, und so kurz vor meinem Einrücken war mein Wehrdienst natürlich immer wieder Thema. Da habe ich gemerkt, dass fast alles mit der Bundeswehr in Verbindung gebracht werden kann. Egal von was gerade gesprochen wurde, fast immer kam ein blöder Witz, im Stil von „Das wirst du auch bald lernen", „da wirst du noch froh drum sein", „das passiert dir die nächste Zeit zu genüge", „bla, bla, bla"...
Aber da muss man einfach durch.

29. Dezember <noch 4 Tage>

Langsam wird es ernst. In vier Tagen werde ich nicht mehr so locker vor meinem PC sitzen, wie ich es jetzt gerade mache. In vier Tagen werde ich meine ersten Eindrücke von der Bundeswehr schon in der Tasche haben. Ich kann nicht beschreiben, wie ich mich jetzt, so kurz vor dem Einrücken, fühle. Ich möchte nicht behaupten, dass ich mich freue, aber ich bin sehr neugierig und gespannt, habe einerseits keine Lust darauf, andererseits „freue" ich mich aber doch, da die meisten meiner Kumpels das ganze schon hinter sich haben, und ich auch endlich mitreden möchte.

Mittwoch, 01. Januar <noch 1 Tag>

Wow, war das ein Silvester!
Mit dem Wissen, ab 00:00 Uhr offiziell Soldat zu sein, und die nächsten 9 Monate angebrüllt zu werden, habe ich es letzte Nacht noch mal so richtig krachen lassen. Das musste einfach sein!

<86 Tage> - Grundausbildung -

Donnerstag, 02. Januar (irgendwann, kurz nach 06:00) *<Tag 1>*

Nun ist es soweit, ich sitze im Zug, noch zweimal umsteigen, innerhalb der nächsten vier Stunden. Mir rast einiges durch den Kopf, ich mache mir Gedanken darüber, wie es wohl sein wird. Stelle mir Fragen, wie: "Wann fahr ich das nächste mal heim?", "Wann werde ich das erste mal angeschrieen?" ... und hoffe, dass ich mit 'n paar Jungs zusammen komme, die in Ordnung sind. All diese Gedanken und ein wahnsinns Kater tragen zu einem scheiß Gefühl bei!

Donnerstag (Abends nach Dienstschluss)

Stundenlanges Anstehen, mittelmäßiges Essen und ein "dummer" Spruch nach dem anderen lassen den Wunsch in mir aufkommen, einfach über die Schranken zu hüpfen und abzuhauen. "DIE WAND STEHT VON ALLEINE!", "HÄNDE WEG VOM SACK" und andere Sprüche auf diesem Niveau werden einem ständig an den Kopf geworfen. Da wir bisher nur unsere Trainingsanzüge bekommen haben, müssen wir regelmäßig in diesen bei einer Schweinekälte vor dem Gebäude *antreten*. Zum Schluss (nach 22:00 Uhr) übten wir eben noch, uns vor der Stube aufzustellen und Meldung zu machen. Das ganze sollte in 15 Sekunden geschehen, was unmöglich ist, da einige Stuben in einem anderen Stockwerk sind. Also üben wir das immer wieder. Nachdem wir uns dann noch mal vor dem Gebäude aufstellen mussten, war dann endlich Zapfenstreich. Doch dann hieß es auch noch, dass in jeder Stube einer Meldung machen muss.

Nach einer kleinen Auslosung per Kartenspiel (Stubenintern) war ich der jenige: "HERR STABSUNTEROFFIZIER, SCHÜTZE WEBER, MELDE STUBE 320 MIT 5 MANN BELEGT, 4 MANN IN DEN BETTEN, STUBE UND REVIER GEREINIGT UND GELÜFTET!" Gute Nacht!

Freitag, 03. Januar (nachmittags um 15:00) <Tag 2>

Nachdem man uns heute Morgen um 05:00 Uhr aus den Betten geworfen hatte und wir vom Frühstück zurück marschiert waren, mussten wir den ganzen Tag im **SAN-Bereich** verbringen. Zahnarzt, Hörtest, Sehtest, Pinkel-Probe, Impfungen, und überall stundenlanges Anstehen. (Und immer daran denken: DIE WAND STEHT VON ALLEINE, RUHE!")
Nun sitze ich alleine auf meiner Stube, da die anderen noch nicht mit ihren Untersuchungen fertig sind. Aber langweilig wird mir bestimmt nicht so schnell, mein erster Auftrag lautet: "Stube und Revier reinigen!".

Samstag , 04. Januar (01:00) <Tag 3>

Es gab schon ein paar Minuten, in denen ich gedacht habe, dass ich alles hin schmeiße, doch vor ein paar Stunden habe ich einem Stuben-Kameraden Argumente geliefert, warum er das nicht tun soll. Dieser war nämlich richtig down, da er seine BW-Zugfahrkarte falsch ausgefüllt hatte, und es deshalb so aussah, als könne er das kommende Wochenende nicht nach Hause. Fast Zeitgleich wurde er auch noch beim Rauchen erwischt, und hatte deshalb einen Art Straf-Aufsatz mit Zeitansatz 40 Minuten aufgebrummt bekommen. Die Typen versuchen uns psychisch total runter zu machen!
Da zum Zapfenstreich bisher noch niemand unsere Stube kontrolliert hat, obwohl das immer gemacht wird, sitze ich nun immer noch in meinem Sportanzug rum, weil ich diesen tragen muss, wenn ich Meldung zum Zapfenstreich mache.

Und da ich der Meinung bin, dass unser Gruppenführer das mit Absicht macht, und wartet bis das Licht aus ist, um mich im Schlaf und ohne Anzug zu erwischen, lege ich mich jetzt samt Anzug ins Bett, um sofort Meldung machen zu können, wenn er rein stürmt. Gute Nacht!

Donnerstag , 09. Januar 2003 (Tagsüber) <Tag 8>

Ich komme nur selten zum Schreiben, da wir immer erst kurz vor Zapfenstreich Dienstschluss haben. Und da muss man ja `n bisschen mit den Kameraden zusammen sitzen. Gestern war es ganz schlimm. Unsere Stube und ein weiterer Kamerad haben uns entschlossen, eine berüchtigte Disco zu suchen. Nach langem Umherirren haben wir diese dann auch gefunden. (Bis dahin hatten wir schon einiges bei Zwischenstops getankt.) Nachdem wir 2 Stunden in dieser Disco verbrachten, und die niedrigen Preise der Getränke voll genutzt hatten, sind wir „leicht" angeheitert wieder zurück in die Kaserne geschwankt, mit dem Gedanken im Hinterkopf, noch Stube und Revier reinigen zu müssen. Dies war dann noch ganz lustig, da wir durch unseren Lärm den kompletten Zug auf den Flur gelockt haben. Nach einer kleinen Auseinandersetzung mit dem Spies konnten wir dann auch alle ganz gut schlafen (er regte sich etwas über den Lärm auf). Ich hoffe, in nächster Zeit öfter zum Schreiben zu kommen. Heute sollten wir noch eine Ausbildung am G-3 vor uns haben. Wäre ich bloß nicht so müde!

Montag, 13. Januar 2003 (Kurz vor 11) <Tag 12>

Heute haben wir mal richtig was getan, erste Schießübungen, um am morgigen „GV-Schießen" teilnehmen zu können. Das heißt, wir sind heute den ganzen Tag in einer Arsch-Kälte rum gelegen, bzw. gestanden. Wir haben geübt, mit Kimme und Korn zu zielen, und haben mit Übungs-Patronen geschossen, um das erste mal den Rückstoss des G-3's zu spüren. (Der aber gar nicht so stark ist, wie alle tun.) Ja, wie erwähnt, ist eine Arsch-Kälte. Es schneit wie wahnsinnig, und die Finger sowie die Zehen leiden sehr. Dazu kommt noch, dass ich sehr müde bin, da ich letzte Nacht nur knapp 2 Stunden geschlafen habe. Schuld daran war einer der Kameraden, der einfach nicht aufhören wollte zu schnarchen. Ich hab mich um 2 Uhr nachts nach ewigem Wach-Liegen dazu entschieden, warm zu Duschen, und bin dann um 3:00 Uhr endlich eingeschlafen. Jetzt ist es wieder kurz vor Zapfenstreich und ich hoffe, heute Nacht besser schlafen zu können. Gute Nacht!

Dienstag, 14. Januar (mittags) <Tag 13>

Heute habe ich das erste mal „scharf" geschossen. Wir mussten mit vollem Gepäck, d.h. Rucksack voll bepackt, Koppel, Helm ..., ein Stück marschieren, und durften/mussten dann der Reihe nach in 3er-Gruppen jeder fünf Plastik-Patronen auf eine 50 m entfernte Zielscheibe feuern. Der Reaktion des **StUffz** zufolge habe ich gar nicht so schlecht geschossen, 1x auf den 10er (Mitte) und vier mal auf den 9er. Jetzt sitzen wir auf der Stube und sollten so lange lernen (**Selbststudium**), bis der Rest mit Schießen fertig ist.

Dienstag, (abends)

Nachmittags haben wir unseren ersten Wehrsold bekommen, bei mir waren es 344,xx Euro. Wie viel man bekommt, kommt ganz darauf an, wie weit man von zuhause weg ist. Anschließend haben wir noch etwas Sport gemacht, und zwar ganz im „Army Style", so wie man es aus den Filmen kennt. Joggen im Gleichschritt, zwischendurch mal Liegestützen, bei denen jeder nach jedem Liegestütz „MEHR" schreit. Während des Joggens wurden Lieder gesungen, eben ganz wie im Film. Hart, aber gefällt mir!

Mittwoch, 15. Januar <Tag 14>

Das war ein harter Tag, *Geländetag*. Das heißt, in voller Montur, (Nässeschutz, Kälteschutz, voll bepackter Rucksack, Gewehr und Schneetarnanzug) durch den Wald robben... Essen aus dem Blechnapf, Kreuzschmerzen und klatschnasse Klamotten. Aber irgendwie hat es Spaß gemacht, mit Kriegsbemalung Krieg zu spielen. Da wir so gut waren, haben wir jetzt schon Dienstschluss (17:30) und können uns auf unsere Mittwochs-Disco vorbereiten, Prost!

Donnerstag, 16.Januar (morgens um kurz nach 05:00) <Tag 15>

Scheiße, was war das für ein Abend?
Habe das getan, was dringend mal notwendig war: bei diesem Druck hier, mich mal voll laufen zu lassen! Ein „paar" Drinks, und schon ist es 22:30 (Los ging's um 20:00). Wir wollen die Disco verlassen, und plötzlich rastet ein Stuben-Kamerad völlig aus. Grund: natürlich ein Mädchen. Ja, als ich dann, nachdem uns mehrere Leute mit den Feldjägern drohten, zwei Minuten nach Zapfenstreich in unser Gebäude stürme, und direkt einem *StUffz* in die Hände laufe, will dieser meinen

Namen, und die derjenigen, die noch abwesend sind. Als der eine Kamerad dann auf der Stube noch mal völlig die Kontrolle verliert und wild um sich schlägt, kommt der *StUffz* natürlich wieder rein und droht uns mit Arrest. Scheiße!

Donnerstag (abends)

Heute war ein richtig geiler Tag, Schieß-Stand Hemau. GS1 und GS2, d.h. auf 50 m im Sitzen, und auf 100 m im Liegen, mit dem Gewehr *G3* und richtig scharfer Munition. Bei ersterem war ich ziemlich gut, (48 von 50 Punkten) beim zweiten hat dann leider mein lieber Nachbar (Schwarz) auch auf meine Scheibe geschossen, und wir wussten nun nicht, wer was getroffen hat. Dann hieß es, sobald es dunkel wird, machen wir noch „Nacht-Schießen". Doch kurz darauf wurden ein paar Namen aufgerufen, unter denen auch meiner war. Wir wurden extra abgeholt, und mussten beim Kompanie-Chef *antreten*, wegen letzter Nacht. Ja, und jetzt hab ich ne *Disziplinar-Strafe* am Hals, denn „so was hat es noch nie gegeben!"[1]. Jetzt hab ich die ganze nächste Woche ab 20:00 Uhr Ausgangssperre, und auch am Sonntag muss ich schon um diese Zeit da sein. Na was soll's?

[1] *Siehe genaue **Diszi**-Erzählung am Ende dieses Buches.*

Montag, 20. Januar (abends) <Tag 19>

Heute hatten wir schon eine Ausbildung am *MG-3* (Maschinen-Gewehr). Geschossen haben wir damit noch nicht, aber draußen bei wahnsinniger Kälte das Ding zerlegt und wieder zusammengesetzt. Bald dürfen wir damit auch rum ballern, ich freu mich schon. Gute Nacht!

Dienstag, 21. Januar (abends) <Tag 20>

Das war ein harter Tag, „**Gelände-Tag** 2", d.h., wieder mit vollem Gepäck und Gewehr durch den Wald robben... Heute haben wir Stellungen gebaut und diese bezogen. Außerdem durften wir ziemlich viel schießen, allerdings nur mit **Manöver-Munition.**

Mittwoch, 22. Januar (18:45) <Tag 21>

Nachdem wir heute schon ziemlich früh Dienstschluss hatten, und meine Stuben-Kameraden alle die Flatter gemacht haben, sitze ich gerade allein auf meiner Stube und genieße die Einsamkeit, was man hier nur selten machen kann (ich denke, es ist das erste mal, dass ich länger als 1 Minute alleine bin). Heute haben wir noch mal ausführlich den Umgang mit dem Maschinen-Gewehr gelernt, da wir morgen damit scharf schießen werden, worauf ich mich schon freue. Ich werde jetzt noch meinen „**Alarm-Stuhl**" herrichten, mal wieder Nachrichten hören, und dann ins Mannschafsheim gehen, und mir dort noch ein „**Gute-Nacht-Bierchen**" gönnen. Prost!

Donnerstag, 23. Januar <Tag 22>

Mein Geburtstag. Und ich bekam ein wunderschönes Geburtstagsgeschenk von der Bundeswehr: „Das erste mal Schießen mit dem Maschinengewehr".
Der Tag ging chaotisch los. Wie jeden Morgen vor dem Frühstück mussten wir uns alle sauber im Freien aufstellen. Und wie jeden Morgen stürmten wir danach wie die Wahnsinnigen Richtung „Speisesaal". Dabei wollte ich abkürzen und bin über einen Schneehaufen gehüpft, dummerweise dabei nicht richtig aufgekommen und mit dem Fuß umgeknickt. Das tat tierisch weh. Fühlte sich an, als wäre ich mit dem Knöchel aufgetreten. Mein Knöchel schmerzte

während des Frühstücks sehr stark und ich konnte nicht mehr richtig auftreten. An einem gewöhnlichen Tag hätte ich mir das von der Ärztin ansehen lassen, und auch im „zivilen Leben" wäre ich damit zum Arzt gegangen. Doch nicht an diesem Tag, denn das Maschinengewehr-Schießen stand vor der Tür, und das hätte ich durch einen Arztbesuch verpasst.

Also habe ich die Zähne zusammen gebissen, und bin mit raus zum Schießen gefahren.

Auch hier hatte ich Probleme, vernünftig und sauber anzutreten, etc.

Doch es war die Schmerzen den ganzen Tag über wert, denn ich durfte endlich mit einem echten Maschinengewehr, mit scharfer Munition schießen.

Auch wenn wir hier nicht hunderte von Schuss raus lassen durften, sondern nur kurze Feurstöße, hat es wirklich Spaß gemacht, und es war eine interessante Erfahrung. Denn das ist gar nicht so einfach, mit so einem Ding einen sauberen Treffer zu erzielen. (Wie Rambo das nur macht, wenn er in jeder Hand eins von den Dingern hat?)

Montag, 27. Januar (morgens) <Tag 26>

Hab ich schon mal erwähnt, dass mich der ganze Scheiß hier tierisch ankotzt? Jetzt sind wir mal wieder nicht so schnell aus dem Bett gekommen, da reißt plötzlich ein *StUffz* die Tür auf und brüllt herum, dass es ihm klar war, dass die Stube 320 mal wieder nicht aus dem Bett kommt...

Jetzt haben wir den ganzen Tag Sanitäts-Theorie, na das kann ja ‚n Spaß werden!

Montag (21:00)

Ja, es war ein Spaß. Nein, nicht wirklich, langweiligste Theorie, ich bin regelmäßig eingeschlafen. Jetzt sitze ich auf meiner Stube, schreibe ein bisschen und höre mir im Hintergrund das Geschnarche eines Stuben-Kameraden an. Das hat mir auch schon fast den gesamten Schlaf der letzten Nacht geraubt. Das macht mich echt noch wahnsinnig, denn ich kann es nicht haben, wenn jemand schnarcht. Ich bin überhaupt gerade total scheiße drauf, warum auch immer. Wahrscheinlich liegt es am Schlafmangel. Mich kotzen auch immer mehr Kameraden an, aber Gott sei Dank nicht auf meiner Stube. (Außer dem Geschnarche!) Ich werde mich jetzt noch ein wenig am „**_Stuben- und Revier–Reinigen_**" beteiligen, und dann ins Bett gehen. Gute Nacht!

Dienstag, 28. Januar (abends) <Tag 27>

Endlich kann ich wieder Leben retten. Hab jetzt den praktischen Teil unserer **SAN**-Ausbildung hinter mir. War zum größten Teil wie der Erste-Hilfe-Kurs, den man für den Führerschein braucht, nur etwas militärischer. Auf jeden Fall verging der Tag ziemlich schnell. Jetzt werden wir noch nen Sprung nach Hemau schauen, mal sehen was da so abgeht. Eigentlich sollte ich ja noch lernen, da wir morgen einen Test über dieses **SAN**-Zeug schreiben, aber was soll's.

Mittwoch, 29. Januar (abends) <Tag 28>

Gut dass ich meine Zeit nicht zum Lernen verschwendet habe, denn dieser Test war total easy. Wenn ich nicht den ganzen Tag geschlafen hätte, hätte ich heute auch noch was von der theoretischen **ABC**-Ausbildung im Unterrichtsraum mit bekommen, aber ich konnte mich einfach nicht wach halten. Dafür bin ich für heute Abend wieder fit, da geht's nämlich wieder ins ‚*Titania*, „Disco-Day"!

Donnerstag, 30. Januar (morgens) <Tag 29>

Wow, ich glaube gestern hab ich's ein bisschen übertrieben. Mir geht's so was von beschissen. Ich weiß gar nicht mehr so genau, wie ich ins Bett gekommen bin. Und heute ist Geländetag, na prima. Ich hoffe, dass ich noch Kotzen kann, solange wir in der Kaserne sind, denn unterwegs wär's peinlich. Oder soll ich mich krank melden? Mal sehen, wie's beim Frühstück läuft.

Donnerstag (abends)

Ich war mit draußen, und mittlerweile geht's mir blendend. Nach einigen Start-Schwierigkeiten hat mir die frische Luft dann ganz gut getan. Und übergeben musste ich mich auch nicht. Obwohl ich dazu noch einen weiteren Grund gehabt hätte. Wir haben nämlich einen neuen Gruppenführer bekommen, und der ist das Letzte! *StUffz Kurz*, klein, massig, extrem ungesprächig und hat null Bock. Nachdem ich meine total verdreckte Ausrüstung abgeworfen und mein *G3* gereinigt habe, werde ich jetzt erst mal ´n Stündchen ins Fitness-Studio (Kraftraum in der Kaserne) gehen, und anschließend mit meinen Stuben-Kameraden Pizza essen, Mahlzeit!

Donnerstag (Nach dem Zapfenstreich)

Jetzt ging mir aber gerade die Düse!
Wir sind mal wieder kurz vor knapp zurück aus Hemau gekommen. D.h., um 10 vor 11 waren wir auf unserer Stube, und das erste, was ich gesehen habe, war ein großer Haufen

dreckiger Klamotten und Ausrüstung vor meinem Spind. Prima, das wollte ich ja noch putzen, aber in 10 Min. musste ich ja auch schon im Bett liegen. Also habe ich den ganzen Haufen gepackt, in meinen Spind gepresst und die Tür zu gedrückt. Hauptsache aus dem Blickfeld des Stuben-Durchganges. Dann noch schnell die Zivil-Klamotten ausgezogen und in die Tasche unters Bett, um rasch ins Bett zu liegen und zumindest so zu tun, als würde ich schlafen. Dann ging auch schon die Tür auf, und an der Stimme erkannte ich meinen Liebling „KURZ". An seinen Schritten hörte ich dass er sich mal wieder alles genau anschaute, und als der Lichtschein auf meine geschlossenen Augen unterbrochen wurde, wusste ich, jetzt steht er genau vor mir. „Bitte, geh weiter, mach dass du aus unserer Stube verschwindest", dachte ich mir nur, und da spürte ich auch schon ein Tippen auf meine Schulter. Als ich meine Augen öffnete, sah ich seine blöde Fratze, die auch schon zu sprechen begann. Er regte sich darüber auf, dass ich mein Handy neben dem Bett liegen hatte, und verlangte, dass ich es in mein Privat-Fach legen sollte. Ja genau, dazu musste ich meinen Spind öffnen, und der war wie gesagt vollgestopft mit schmutzigen Klamotten, die der Typ nicht sehen sollte. Die drei Meter bis zu meinem Spind kamen mir vor wie 50 Meter. Mein Herz begann schneller zu schlagen und ich hatte schon vor Augen, wie mir der Berg schmutziger Klamotten entgegen kam und der kleine Wicht neben mir zu toben begann. Ich steckte den Schlüssel ins Schloss und warf einen Blick auf meinen Kameraden, der die Meldung zum Zapfenstreich machte, und diesem viel wohl auf Grund meines verzweifelten Blickes wieder ein wie es in meinem Spind aussah, und er begann den kleinen Wicht voll zu quatschen, um ihn dadurch abzulenken. Ich machte vorsichtig eine Tür auf, nur so weit, dass ich gerade so an mein Privat-Fach greifen konnte, und der kleine nicht hineinblicken konnte. Dann sperrte ich dieses schnell auf, warf das Handy hinein und schloss ganz schnell wieder beide Türen. Ab ins Bett und noch einen Blick zum kleinen Wicht, der zufrieden nickte und die Stube verließ.

Puh, das war knapp. Aber im Nachhinein war es ein verdammt geiles Gefühl, Gute Nacht!

Freitag, 31. Januar (13:00 auf dem Heimweg)

Juhu! Wochenende! Heute haben wir gelernt, mit Karte und Kompass um zu gehen, zwischendurch konnte ich noch meine Klamotten und Ausrüstung putzen und meinen Spind in Ordnung bringen. Jea, die ersten fünf Wochen, bzw. der erste Monat wäre geschafft, jetzt sind es noch acht Wochen, dann haben wir die **AGA** überstanden.

Zwischenstatus (Rückblick auf den ersten Monat)

Im Einzelnen kotzten mich die Tage wirklich an, jeden Morgen früh raus (05:00), wenig Schlaf (max. 6 Std., in der Regel 4 Std., manchmal auch nur 2 Std. auf Grund von Schlafstörungen), ständig unter Druck, immer alles streng militärisch, keine Privatsphäre, lange „Arbeitstage" (Anfangs von 05:00 – 21:00 / 22:00, mittlerweile nur noch bis ca. 17:00), immer die Angst im Nacken, irgendetwas falsch zu machen, andauerndes Gehetze, ...

Das Gute ist, dass es 60 weiteren jungen Männern so geht und wir alle durch den ganzen Mist sehr stark zusammengeschweißt werden, sprich es entwickelte sich schnell eine gute Kameradschaft. Nach einem Monat muss ich leider sagen, dass diese so langsam nachlässt. Irgendwie muss ich mich immer mehr über andere Kameraden aufregen. Langsam lerne ich sie einfach besser kennen. Gott sei Dank habe ich eine super Stube erwischt und teile diese mit Kameraden, mit denen ich nach wie vor sehr gut auskomme. Wir haben wirklich sehr viel Spaß. Manchmal etwas zu viel, weshalb wir schon Kasernenweit bekannt sind. Bei den Vorgesetzten natürlich nur negativ. Stube 320 eben! Egal was passiert, irgendjemand von Stube 320 ist immer dabei, aber meistens passiert es direkt auf Stube 320. Aber genau das ist es, was den letzten Monat extrem erleichtert hat.

Was das ganze noch mal erleichtert, ist das Schießen. Bisher habe ich mit dem Gewehr *G3* und dem Maschinengewehr *MG3* geschossen und das ist wirklich geil! Du musst zwar immer ewig rum stehen, um dann endlich mal ein paar Schuss los lassen zu können, aber wenn es soweit ist, gibt dir das echt den Kick. Ohr-Stöpsel rein, Helm auf, jetzt hörst du alles nur noch dumpf. Du nimmst das Magazin entgegen, gibst eine Meldung ab und gehst in Stellung. Hältst dein Gewehr und gehst in den Anschlag. Jetzt hörst du nur noch deinen schweren Atem, (verstärkt durch die Ohr-Stöpsel) und wartest, bis der Befehl zum feuern kommt. Mit dem Finger schon leicht den Abzug gekrümmt, nimmst du dir bei „FEUER FREI" die Pappfigur vor, d.h. genau Zielen, Atem ruhig halten und PENG!

Alles in allem überwiegt die Erfahrung mit den Kameraden (die es sonst wahrscheinlich nirgendwo in dieser Form gibt) und die Lust am Schießen, und ich möchte den letzten Monat nicht missen. (Wobei ich ihn auch nicht wiederholen möchte, das ist eben so ne Sache, die schwer zu erklären ist.)

Montag, 03. Februar (abends) <Tag 33>

Das war wahrscheinlich der beschissenste Tag meiner *AGA*, zumindest bisher. *Geländetag* 4: Anfangs hat es geschneit, und irgendwann teilweise geregnet. Dazu ging ein starker Wind der die Temperatur noch mal senkte und einem die nassen Schneeflocken die sich ehr wie Nägel anfühlten nur so ins Gesicht schlug. Ich hatte so mittags rum extreme Schmerzen in den Fingern, und konnte zum Teil gar nichts mehr greifen. Es war wirklich schrecklich, ich war kurz vor dem Kapitulieren.

Jetzt bin ich hundemüde und muss den anderen beim Schlafen zusehen, da ich diese Woche mal wieder mit dem

Stuben-Abmelden an der Reihe bin. In 10 Minuten ist es soweit, Gute Nacht!

Mittwoch, 05. Februar (nach Dienstschluss) <Tag 35>

Bisher ist die Woche beschissen. Ich bin total übermüdet und krank, hab ne Grippe. Gestern ging's mir schon schlecht, und heute war ich bei der Ärztin, die hat mir 'n paar Medikamente mitgegeben und mich für heute vom Sport, *Vormaldienst* und ähnlichem befreit.

Vormaldienst habe ich trotzdem mitgemacht, doch bei der Drill-Ausbildung am G3 habe ich zugesehen, was mir mittlerweile stinkt, da es ganz witzig aussah und ich mich eigentlich in meiner *AGA* vor nicht s drücken wollte, aber mir ging es wirklich nicht gut. Mittlerweile geht es mir besser, ich denke, das liegt an den Tabletten, die bestimmt ziemlich stark sind. Jetzt werde ich erst mal ein bisschen schlafen, und dann eventuell noch 'n bisschen in die Disco gehen, falls es meine Gesundheit zulässt.

Was außerdem noch zu erwähnen ist, ich hatte heute schon öfters eine Panzerfaust in der Hand, und den Umgang damit gelernt. Ich hoffe, dass wir bald damit schießen dürfen.

Donnerstag, 06. Februar (nach Dienstschluss) <Tag 36>

Ja, ich war gestern noch in der Disco, allerdings habe ich extra nur wenig getrunken, und es geht mir heute wieder ziemlich gut.

Wir waren heute den ganzen Tag auf dem Schießstand, und ich habe zwei mal *MG* geschossen. Einmal leider nicht bestanden, aber das macht nichts, da dies nur zum Kennen lernen des *Feuerstoßes* (4 oder 5 Schuss) war.

Sonntag 09. Februar (17:11) <Tag 39>

Heute habe ich *GvD*, d.h. ich muss seit 07:00 Uhr an der „Pforte" unseres Blocks sitzen und ans Telefon gehen, und regelmäßig meine Runden laufen. Das wäre alles nicht so schlimm, wenn ich nicht so unvernünftig und gestern Abend nach meiner Ankunft gleich ins Bett gegangen wäre. Aber nein, ich habe einen Kameraden geschnappt und bin mit ihm ab in die Disco. Da war es so toll, dass ich laut Kamerad erst so gegen 04:00 Uhr ins Bett kam und um 06:00 Uhr klingelte schon wieder der Wecker. Ich glaube das erklärt, wie ich mich fühle. Dazu kommt noch, dass ich wahnsinnige Halsschmerzen habe. Jetzt zieh ich mir ein Video nach dem anderen rein, versuche dabei nicht einzuschlafen und warte auf den *UvD*, der um 20:00 Uhr erscheint und die Arbeit übernimmt. Dann kann ich mich hoffentlich ein bisschen hin legen. *GvD* bin ich allerdings noch bis morgen früh um 07:00 Uhr (24 Stunden). Um 18:00 Uhr werde ich noch einen letzten Rundgang machen und dann versuchen, die Nummer vom Pizza-Service heraus zu finden, da ich heute außer zum Frühstück noch nichts gegessen habe. Am Samstag habe ich übrigens noch fett fürs *BIWAK* eingekauft, das wir von Dienstag bis Donnerstag haben. *BIWAK* heißt, die ganze Zeit im Gelände zu verbringen, auch Nachts. Ja, und dafür habe ich mir Taschen-Öfen und lauter so Zeug zum wärmen gekauft. Und jetzt schau ich mir ALIEN an.

Mittwoch, 12. Februar (abends 21:00) <Tag 42>

„Krank auf Stube", ja ich liege in meinem Bett. Da es mir Montags immer noch sehr schlecht ging, bin ich zur Ärztin in den *SAN*-Bereich gegangen und hab mir ´n paar Medikamente geben lassen. Außerdem hat sie mir noch den Status „A2S" verpasst, d.h. soviel wie „nur in beheizten Räumen und kein Sport". Ich bin mir nicht sicher, ob sie mir diesen Status nur für Montags ausgestellt hat, aber da sie undeutlich schreibt, haben die im *GEZI* mir diesen Status für die gesamte Woche verschrieben. Also hätte ich auch nicht ins *BIWAK* gehen müssen, doch da ich nach meinen Vorbereitungen unbedingt mit wollte, stopfte ich haufenweise Medikamente in mich hinein, und ging bald schlafen, um „auf eigene Verantwortung" ab Dienstag am *BIWAK* teilnehmen zu können. Dienstag morgen um ca. 03:40 stürmte dann ein Kamerad herein und brüllte, dass der Strom abgestellt wurde und wir wahrscheinlich bald den schon vermuteten Alarm haben werden, bei dem wir schnellst möglich mit kompletter Ausrüstung *antreten* mussten.

Klever wie wir sind, hatten wir schon im fast kompletten Gefechtsanzug geschlafen, und mussten nun nur noch im Dunkeln unsere Ausrüstung und die Schuhe anlegen. Plötzlich ging es dann los, eine laute Sirene und Schüsse. Es herrschte Chaos, die Ausbilder machten Stress. Trotz unserer Vorbereitung dauerte es noch ewig, bis alle vor ihren Stuben standen. Dann hieß es ab in den Bunker im Keller. Dort angekommen erhielten wir unser erstes *EPA*, das ist ein Papp-Karton mit 5 Jahre alter Verpflegung (trotzdem noch nicht abgelaufen), die uns vor dem Verhungern bewahren sollte. Nach dem Frühstück (Trockene Kekse und harte Schokolade) wurde uns ein Szenario vorgelesen: „Zwischen Blauland (wir) und Rotland gibt es Spannungen, Rotland verstärkt Truppen an den Grenzen zu Blauland, wollen uns wahrscheinlich überfallen .... Wir befinden uns im Verteidigungsfall (Krieg) ..." Dann mussten wir durch ein Loch in der Wand über eine Leiter klettern und kamen in einem Schacht neben unserem Gebäude aus der Erde. Danach hieß es „Waffen empfangen und entölen". Seit ich wach war, versuchte ich, festzustellen ob ich gesundheitlich wieder fit genug war, um mit ins *BIWAK* zu gehen. Leider nein, musste ich feststellen. Ich meldete mich als Innendienstler, und musste nun mein Zelt mit 9 anderen Kameraden im Unterrichtsraum aufstellen. *BIWAK* im Gebäude, das ist doch lächerlich! Ich wäre so gerne Gesund gewesen, und mit raus gegangen. Nach dem ich dann einen Tag und eine Nacht in diesem Weichei-*BIWAK* verbrachte, ging ich noch mal in den **SAN**-Bereich, da es mir immer noch nicht besser ging und ich der Meinung war, der wenige Schlaf würde mir gesundheitlich nur schaden. Diesmal schrieb mich die Ärztin für einen Tag „krank auf Stube" und deshalb liege ich nun mit meinem Gewehr im Bett (zwar nicht geladen, aber trotzdem irgendwie cool) und schlafe fast ununterbrochen. Ich werde jetzt wieder weiter schlafen und hoffen, dass ich morgen wieder fit bin. Gute Nacht!

Donnerstag, 13. Februar (nach Dienstschluss) <Tag 43>

Richtig fit bin ich leider immer noch nicht, aber die 13 Stunden Schlaf haben wirklich gut getan. Es war heute allerdings ein beschissenes Gefühl, als ich im Warmen rum saß, und nach und nach die einzelnen Gruppen aus dem **BIWAK** zurück kamen. Alle total fertig, nass und mit einem Blick, der ungefähr folgendes aussagt: „Das waren verdammt harte Tage, und du sitzt hier herinnen im Warmen und glotzt mich blöd an!" Ich habe mich wirklich dafür geschämt, mit dem einen oder andern Drückeberger hier im Warmen zu sitzen. Aber was soll ich machen? Ich hab dann so gut wie möglich beim Waffenreinigen geholfen. Kurz nach der Ankunft mussten wir aber gleich zur Blutabnahme. Mit meinem Blut wurden drei Patronen gefüllt. Eine war Pflicht, die zweite war freiwillig für einen AIDS-Test, und die dritte wurde für einen Leber-Test genommen, der nur bei ein paar gemacht wurde, die vielleicht einen Führerschein machen dürfen. Das würde mir echt gefallen. Anschließend war dann noch Termin beim Fotografen, denn wir brauchten ja dringend Bilder für unseren Dienst-Ausweis. Dieser Termin viel aber dann flach, als wir alle schon ne halbe Stunde anstanden. Typisch Bundeswehr!

Freitag 14. Februar (Nachmittags) <Tag 44>

Heute gab es wieder Knete. 370 Euro bar auf die Kralle. Danach noch ein bisschen Waffenreinigen und Stube putzen, und dann konnte es auch schon ins Wochenende gehen. Heute konnte ich sogar in einem Auto mit fahren, da ich beim Innendienst-**Biwak** heraus gefunden habe, dass einer meiner Kameraden aus Kempten, 30 km von meinem Heimatort entfernt, wohnt und immer mit dem Auto fährt. Das heißt, drei anstatt fünf Stunden Fahrzeit. Ich denke, dass wir für die nächste Zeit eine Fahrgemeinschaft planen werden, mal sehen. Schönes Wochenende! (Ich werde dieses Wochenende rein zum Auskurieren nutzen, denn ich will diese scheußliche Grippe endlich wieder los bekommen!)

Montag, 17. Februar (21:30) <Tag 47>

Leider konnte ich meine Grippe noch nicht 100%ig bekämpfen, und deshalb meldete ich mich heute noch mal „**neukrank**". Das war der Anfang allen Übels. Den ganzen Vormittag Gebäude und Waffen putzen, während die anderen Geländetag hatten. Na ja, wenigstens hab ich mal mit nem **G36** rum gespielt. Nachmittags waren dann die anderen schon wieder vom Geländetag zurück, und wir musste alle unseren **Diener** anziehen und zurecht richten (samt Schlips), denn die tragen wir kommenden Donnerstag bei unserem Gelöbnis. Um 15:30 hatte ich dann endlich meinen Termin im **SAN-Bereich**. Die Ärztin gab mir noch mal `n neues Medikament und schrieb mich einschließlich morgen für den **Innendienst** krank. Nach dem Abendessen beschwerte sich dann unser Zugführer darüber, dass heute so viele krank waren und verdonnerte uns **Innendienstler** zu zusätzlichem Dienst von 19:00 bis 21:00 Uhr. Als wäre es nicht genug Strafe krank zu sein, wird man hier noch mal dafür bestraft. Aber irgendwie ist es schon verständlich, da es viele gibt, die sich nur drücken wollen und gar nicht wirklich krank sind. Schwierige Sache, aber eigentlich sollte schon der Truppenarzt diese Drückeberger „gekonnt" raus filtern.

Na ja, toller Wochenanfang, aber was will man machen? Meiner Gesundheit zuliebe leg ich mich jetzt gleich ins Bett. Gute Nacht!

Mittwoch 19. Februar (20:00) <Tag 49>

Wäre ich heute in den **SAN-Bereich** gegangen, hätte mich die Ärztin mindestens „Krank auf Stube" geschrieben, da es mir wieder mal total beschissen geht. Heute habe ich einen wahnsinnigen Husten. Ich verzweifle noch. Durch den Umgang hier mit Kranken, ist es schwer, so eine starke Grippe zu bekämpfen. Da morgen unser großer Tag ist, habe ich mich aber nicht krank schreiben lassen, da wir heute noch fett geübt haben. Morgen ist nämlich **Gelöbnis**, d.h. wir geloben, dass wir der Bundesrepublik Deutschland treu dienen, und das Recht und die Freiheit des deutschen Volkes tapfer verteidigen. Das ganze läuft in einem feierlichen Rahmen ab. Vormittags kommen die Angehörigen der Rekruten in die Kaserne und werden dort etwas rum geführt und unterhalten. Gegen Abend marschieren wir dann auf dem Marktplatz von Hemau ein, im Gleichschritt natürlich, und stehen dort eine halbe Ewigkeit abwechselnd im „**Stillgestanden**" und im „**rührt euch**"! rum. Das ganze muss einheitlich und perfekt ablaufen, und deshalb war es mir wichtig, das Ganze heute noch mal zu üben. Es war zwar fast nicht zu ertragen, mit diesem schrecklichen Husten, aber ich hab mir gleich morgens einen Medizin-Cocktail rein gehauen, woraufhin ich mich am liebsten übergeben hätte. Und auch heute werde ich wieder früh ins Bett gehen, denn Schlaf ist ja bekanntlich die beste Medizin.

Wir fühlten uns wie die Affen im Zoo. Haufenweise Zivilisten rannten in der Kaserne umher und schauten sich alles genau an. Nachmittags mussten wir dann wie an andern Tagen **antreten, Formaldienst** leisten ... Einziger Unterschied: Beim **Antreten** musste man erst mal an den ganzen Angehörigen vorbei rennen, und sich dann von diesen begaffen und fotografieren lassen, während die Ausbilder extrem pingelig Schuh-Putz und Uniform kontrollierten. Anschließend marschierten wir los, wieder zwischen den Zuschauern hindurch, die dem einen oder anderen ständig zuriefen und Zeichen gaben. Auffallend war, dass die Ausbilder kaum schrieen, komisch?!?

Nachdem der ganze Tagesablauf soweit vorbei war, und wir aus der Kirche kamen, begann der ernste Teil des Tages. Noch schnell einen heißen Tee und dann mussten wir uns auch schon in Marschrichtung „Stadtplatz" aufstellen. „Jetzt können sie noch ein letztes mal im Gesicht herum fummeln und die Beine lockern", meinte der Hauptmann noch, „und wenn jemand nicht mehr kann, oder zusammen bricht, ist das kein Beinbruch, das kann jedem passieren". Auf sein Kommando marschierten wir dann auf dem Platz ein, um den sich auch schon wieder eine Menge Angehöriger und Schaulustiger versammelten. Als wir unseren Platz erreicht hatten und ein paar mal vom _**„Stillgestanden"**_ ins _**„Rührteuch"**_ wechselten mussten wir ewig auf die Musikkapelle warten. Als diese dann endlich mit der Truppenfahne einmarschierte, konnte es endlich los gehen. Noch ein paar mal hin und her und es begann der unangenehme Teil des Gelöbnisses. 45 Min. in denen abwechselnd der Bürgermeister oder ähnliche Persönlichkeiten und die Musikkapelle ihr bestes von sich gaben, 45 Minuten, in denen wir ohne Bewegung im _**„Rührteuch"**_ stehen mussten. _**„Rührteuch"**_ heißt nicht, dass man sich rühren darf, das bedeutet Hände auf dem Rücken (überm Hintern), und Beine leicht gespreizt. Nach 5 Minuten war ich mir nicht sicher, ob ich das durchstehe, und nach längerer Zeit vielen die Soldaten der Reihe nach um. Der erste knallte schräg vor mir wie ein Sack zu Boden. Als er an mir vorbei flog, erkannt ich nur noch einen weißen Augapfel, von seinen Pupillen war nichts mehr zu sehen. Der arme Kerl war total Ohnmächtig und die Kameraden um ihn herum konnten nicht schnell genug reagieren, um ihn aufzufangen. Nach dem ihn die **Sanis** weg transportiert hatten, vielen auch schon die nächsten um, bzw. traten zurück. Nach etwa 40 Min. war ich froh, dass ich noch stand und empfand es auch gar nicht mehr für so schlimm. Und nun war es endlich soweit, die vier Auserwählten unseres Zuges durften zur deutschen Fahne vor treten und ihre linke Hand darauf legen, während wir alle gemeinsam unseren Spruch los wurden. *ICH GELOBE* ... Danach wurde noch die Deutschland-Hymne gespielt und man merkte, dass sich das ganze dem Ende zuneigte. Als wir endlich wieder los marschieren durften, fühlten sich die ersten Schritte richtig komisch an, aber ich denke, alle waren erleichterter, als wir uns vom Platz bewegten. Noch ein paar lobende Worte vom Kompanie-Chef und dann war auch schon Dienstschluss.

Freitag frei, wunderbar!

Statement (Resume) nach dem Gelöbnis (nach fast 2 Monaten)

Da ich schon fast 3 Wochen von diesem Monat krank bin, empfand ich ihn auch nicht für besonders toll. Den ersten Monat war ich noch fest entschlossen, nie in den **SAN-Bereich** zu gehen, und jetzt läuft es ganz anders. Durch die Grippe bin ich meistens schlecht drauf und kann auch nichts besonders gutes mehr leisten. Es wird auch alles langweiliger, da es mittlerweile einfach alles zum Alltag wird.

Ich denke, dass ich mittlerweile weniger eingebildet bin. Nicht, dass ich früher eingebildet gewesen wäre, aber jetzt bin ich es noch weniger. Ich komme mit Leuten klar, bei denen ich früher nur die Augen verdreht hätte. Aber es gibt natürlich auch hier Typen, bei denen ich immer noch die Augen verdrehen muss, z.B. Kamerad *Mops*, das ist wirklich nur ein „befohlener" Kamerad.

Gerade in dieser Ausgeh-Uniform (**Großer Diener**) das Gelöbnis sprechen, die Deutschland-Hymne singen und von den ganzen Zivilisten begafft zu werden, ist schon irgendwie ein tolles Gefühl. Auf eine bestimmte Art ist man in diesem Moment stolz. Nicht unbedingt auf Hollywood-Art stolz darauf, für das Vaterland zu dienen, aber stolz darauf, was man alles so gemacht und durchgehalten hat, in letzter Zeit. Also im großen und Ganzen war auch dieser Monat in Ordnung, aber lange nicht mehr so gut wie der erste.

Montag, 24. Februar (abends gegen 22:00) <Tag 54>

Ich sitze gerade in meinem Spind und fühle mich unwohl.
Ja, ich habe heute schon fest gestellt, dass es in meinem Spind ziemlich bequem ist. Allerdings fühl ich mich nicht besonders gut. Nachdem ich wieder mal das ganze Wochenende zu Hause im Bett lag, habe ich meine Grippe wieder nicht bekämpfen können. Heute war ich gleich bei der Ärztin, mit der Hoffnung dass sie mich mindestens „**Krank auf Stube**" schreibt. Aber nein, Innendienst für die ganze Woche. Jetzt gehöre ich tatsächlich schon zu denen, die ich Anfangs gerne verachtet habe, zu den **Innendienstlern.** Aber ich kann doch nichts dafür!!! Ich will wieder gesund sein und alles mitmachen!!! Jetzt pumpe ich mich mit neuen Medikamenten zu und gehe dann ins Bett, gute Nacht!

Mittwoch 26. Februar (21:00) <Tag 56>

Nachdem ich heute wieder bei der Ärztin war und dieser die Ohren voll gejammert habe, hat sie mich wenigstens für heute **Krank auf Stube** geschrieben. Also habe ich mich mal so richtig ausgeschlafen. Zuvor hat sie mir allerdings noch ne Hammer-Spritze gegen Kopfschmerzen und Übelkeit gegeben. Danach ging's mir erst mal ganz komisch, hatte das Gefühl als hätte ich ein Pferde-Betäubungsmittel bekommen oder so was, dann konnte ich aber wunderbar schlafen. Vorhin noch ,n paar Runden UNO gespielt, und jetzt, nachdem ich mir meine Medikamente eingeworfen habe, geh ich dann wieder ins Bett.

Donnerstag 27. Februar (07:50) <Tag 57>

Und wieder mal **Innendienst**. Ja, ich schäme mich dafür und vor allem an einem Tag wie heute, an dem die anderen nach Regensburg auf die Schiessbahn gefahren sind. Um dort **MG** und Panzerfaust zu schießen, nervt es mich, hier herum zu gammeln. Ich denke, dass ich heute auch in der Lage wäre, mit zu schießen, allerdings hätte ich dann riskiert, morgen wieder krank zu sein, und dieses Risiko gehe ich nach 3 Wochen Grippe nicht ein. Ich werde heute und morgen noch im Warmen verbringen, und mich am Wochenende noch mal so richtig erholen, in der Hoffnung, den letzten **AGA**-Monat wieder als gesunder Soldat zu meistern.
Nachdem wir gerade die Nassräume im Nebenblock geputzt haben (Dusche, Waschraum ...) wurden wir jetzt zum **Selbst-Studium** auf die Stube geschickt. Ich gehe davon aus, dass wir heute noch das eine oder andere Putzen müssen, was aber nicht wirklich Spaß macht.

Dienstag, 4. März (nach Dienstschluss) <Tag 62>

Endlich lernen wir den Umgang mit der Pistole. Leider nur mit der alten **P1**, aber es ist trotzdem ein geiles Gefühl, mit diesem Ding rum zu fuchteln. Heute haben wir sie zerlegt und zusammengesetzt... Dabei hat mich eine neue Art von Husten sehr genervt. Ich hatte eigentlich das Gefühl, wieder gesund zu sein, aber jetzt hab ich plötzlich so nen blöden Hustenreiz. Aber sonst fühle ich mich wenigstens wieder gut. Da ich diese Woche mit dem Auto angereist bin, werden wir nachher noch nach Regensburg fahren, und dort ´n paar Bars begutachten.

Mittwoch, 5. März (22:30) <Tag 63>

Heute war glaube ich der härteste Ausbildungstag. „Full Metal Jacket" ist gar nichts dagegen. Wir hatten vier Stationen, eine mit dem *G3*, eine mit dem *MG3*, eine mit Panzerfaust und eine mit der *P1*. An den ersten drei genannten Stationen mussten wir die Waffen zerlegen und wieder zusammen setzen, zwischen durch, je nach Lust und Laune des Ausbilders, mussten wir Liegestützen machen, uns im Dreck rollen, oder 20 – 30 Meter weit zu unseren Rucksäcken *gleiten*, diese 10 bzw. 20 mal umrunden und dann wieder zurück *gleiten*. Besonders angenehm war das Ganze mit *ABC-Maske*. Das Ganze schimpft sich „Drillausbildung". Das übelste war, dass die Wiese ein einziger Matsch-Haufen war, in dem man regelrecht versunken ist. Nach kürzester Zeit sahen wir aus wie Schweine. Im Nachhinein irgendwie geil, aber während der Ausbildung schon ganz schön anstrengend. Bei der Rückkehr wurden wir noch vor dem Block mit einem Schlauch abgespritzt, um einigermaßen sauber das Gebäude zu betreten. Nun reinigten wir erst mal 1,5 Stunden unsere Ausrüstung und spielten anschließend eine Stunde Völkerball, um dann Dienstschluss zu bekommen. Der Husten hat mich auch heute wieder genervt. Am schlimmsten war es letzte Nacht, da ging ich voll ab und hatte mich zwei mal beim Husten fast übergeben. Hoffentlich geht es heute Nacht besser. Gute Nacht!

Freitag, 7. März (11:00) <Tag 65>

Ich sitze gerade im Unterrichtsraum und höre mir ein Referat über Panzerfaust und *G3* an, welches von einem meiner Stubenkameraden gehalten wird. Außer mir sitzen noch 16 weitere Kameraden hier. Der Rest durfte bereits um 09:00 Uhr nach Hause fahren, da er an mindestens 5 von 7 Geländetagen teilgenommen hat. Ich habe auf Grund meiner Grippe z.B. nur an 4 teilgenommen und muss deshalb jetzt noch Unterrichts-Stoff nachholen, in dem ich mit meinen Kameraden Referate ausarbeite, welche von ein paar Auserwählten vorgetragen werden müssen. Zu diesen gehöre ich Gott sei Dank nicht. Ich hoffe dass wir bald auf unsere Stuben dürfen, um diese für den **Stuben-Durchgang** klar zu machen und anschließend Dienstschluss haben.

Montag, 10. März (21:00) <Tag 68>

Heute hatten wir viel Unterricht, und zwar über den Wachdienst. Wir haben jetzt die ganze Woche dieses Thema, theoretisch sowie praktisch. Es geht darum, dass wir in unserer **Stammeinheit** Wache schieben können. Wir werden lernen, mit **P1** und **G3** Wache zu schieben, Personen und Fahrzeuge zu kontrollieren, Streife laufen ... Am Ende werden wir dann noch nen Wachtest machen, den man laut den Vorgesetzten unbedingt bestehen muss, um die **AGA** zu bestehen. Blödsinn! Die haben nur Angst, dass sie zuwenig Wachsoldaten haben.

Außerdem haben wir heute noch überraschenderweise irgendein Sportabzeichen gemacht. Wir mussten eine Stunde lang im Freien auf dieser Tartan-Bahn unsere Runden drehen, wobei das Tempo egal war, Hauptsache eine Sunde lang durchhalten, ohne stehen zu bleiben, oder normal zu gehen. War irgendwie ganz cool, anstrengend aber herausfordernd. Jetzt geh ich ins Bett, um morgen vielleicht etwas früher raus zu kommen, und vor Dienstbeginn ne Runde Joggen gehen zu können.

Einfach so zwischendurch (11. März, 18:30)

So langsam kotze ich mich selbst an. Irgendwie mache ich immer mehr Sachen, über die ich mich vor nem halben Jahr bei anderen Leuten noch aufgeregt habe. Ich lass blöde Witze los, verhalte mich bescheuert, mache Faxen mit Leuten, die ich unter normalen Umständen nicht leiden kann u.s.w. Außer mir kotzt mich noch der ein oder andere Vorgesetzte an. Ich muss mir hier von Leuten was sagen lassen, die ich im zivilen Leben nur belächeln würde. Ich sollte auf bescheuerte, zum Teil sinnlose Befehle von totalen Hirnis respektvoll reagieren und diese bedingungslos ausführen. Das fällt mir nicht immer leicht, und auch wenn ich gehorche, verliere ich durch solche Vorgesetzten meinen Respekt vor diesen und allgemein vor der Bundeswehr. Es gibt allerdings auch Vorgesetzte von denen ich was halte, z.B. unser Oberleutnant (Zugführer). Der hat wirklich was auf dem Kasten. Er ist noch ziemlich jung (unter 30), hat was im Kopf, ist sehr gerecht, lässt mit sich reden und außerdem fährt er ein geiles Auto ☺

Dienstag, 11. März (22:30) <Tag 69>

Das war ein langer Tag. Wir haben den ganzen Tag praktische Übungen zum Thema „Wache" gemacht. Z.B. Kontrollieren von Fahrzeugen am Kasernentor, Streife gehen, Personenkontrolle... Die zu kontrollierenden waren höhere Dienstgrade, die zum Teil Extrem-Situationen spielten, wie z.B. Betrunkene oder Bewaffnete, die sich nicht kontrollieren lassen wollten. Im Großen und Ganzen war es ganz lustig.
Zwischendurch gingen wir dann noch mit *StUffz* „Militär-Sau" (*StUffz Streng*) zum Joggen. Wir joggten außerhalb der Kaserne, denn „da könne er mit uns machen, was er wolle". Kaum waren wir „im Freien", dann ging es auch schon los. Er meinte, dass er etwas singt und wir es nachsingen sollen, das ganze im Army-Style. *„Auf der Strasse nach Hemau, traf ich eine geile Sau. Sie versprach mir ein Stück Speck, wenn ich ihre Muschi*

leck." Genau das war sein Niveau. Dazu noch ein bisschen Gehetze und Geschimpfe, wie schlapp wir seien, und dann ging's auch schon wieder zurück in die Kaserne.

Weniger lustig war dann der Dienst nach dem Abendessen. Wir versammelten uns im Unterrichts-Raum und mussten nach und nach auf dem Kasernengelände in der Dunkelheit Streife gehen. Und wieder verhielten sich die zu kontrollierenden Vorgesetzten sehr unkooperativ. Da wir ein volles Magazin (Übungs-Munition) hatten und einige von uns, darunter natürlich auch ich dem Verlangen nach ginge, die Patronen sinnlos auf dem Kasernengelände zu verballern, (Übungs-Munition), wurde der Oberfeldwebel extrem sauer und unser Dienst ging bis 22:00 Uhr. Und jetzt Gute Nacht!

Mittwoch, 12. März (nach Dienstschluss) <Tag 70>

Endlich durfte ich mal wieder scharf schießen. Wir schossen das erste mal mit der Pistole *P1*. Außerdem hatten wir noch das erste Wach-Schießen (Voraussetzung, um später Wache schieben zu können) mit dem Gewehr *G3*. Dabei mussten wir jeweils zu zweit auf den Schießplatz laufen und auf Pappfiguren reagieren, die plötzlich vom Boden hoch klappten. Das Schießen war mal wieder ganz cool, allerdings war es kalt und windig, und zwischendurch regnete es sogar. Mit meinen Schießergebnissen bin ich auch nicht so zufrieden. Ich hab zwar alles bestanden, allerdings hätte ich besser treffen können. Da muss ich wohl heute Abend in der Disco Zielwasser trinken, denn das letzte mal lief es auch überraschend gut, nach viel Alkohol und wenig Schlaf.

Donnerstag, 13. März (Nach dem Zapfenstreich)
<Tag 71>

Heute Morgen kam ich gar nicht aus dem Bett. Aber was will man nach einem üblichen Disco-Day erwarten? Gestern Abend gingen wir erst mal ins „Extra-Blatt", da gab's zwei Cocktails zum Preis von einem. Anschließend gingen wir ins *Titania*, ich sag bloß, „Bacardi-Cola und Wodka-RedBull für 1,50 Euro", dazu noch eine Zigarre und der Abend war perfekt! Und eigentlich nahmen wir uns auch vor, um 22:00 Uhr zu verschwinden, damit wir endlich mal pünktlich und stressfrei in der Kaserne eintreffen. Doch um 22:00 Uhr, als sich alle auf den Weg machten, blieben ein Stuben-Kamerad und ich doch noch, denn das Revier war gereinigt und wir nach ein paar Gläsern schon gleichgültiger. Nach dem wir dann dank ein paar Mädels, total vergaßen auf die Uhr zu sehen, mussten wir mal wieder Richtung Kaserne rennen, um wenigstens zu versuchen, pünktlich im Bett zu liegen. Natürlich hatte ich auch noch meinen Dienstausweis vergessen, aber sonst wäre es ja auch langweilig gewesen. Nach ein paar Witzen durch die Scheibe des Wachdienstes (ich fragte die *reizende* Dame z.B., ob mir mein Kamerad schnell meinen Schlafsack raus bringen kann), durfte ich dann ohne Ausweis durch und wir waren tatsächlich im Bett, als der *Zugdienst* unsere Türe auf riss. Nach dem vielen RedBull-Gemisch konnte ich natürlich nicht schlafen und so lag ich neben meinem Bett und unterhielt mich bis um 01:00 mit den Stuben-Kameraden.

Nun aber zurück zum heutigen Tag. Der war echt cool. Da viele Krank waren und einige gestern das Pistolen-Schießen nicht bestanden hatten, waren wir heute nur noch wenige Mann, die „*AGA*-Elite" eben (laut Ausbilder). Dadurch verlief auch alles ganz locker und schnell, und das wirkte sich auch auf das Gemüt der Vorgesetzten aus. Das Schießen war vor allem cool, da wir mit einer Pistole an der Koppel befestigt rum liefen. Das ganze lief folgendermaßen ab: Wir liefen zu zweit, Kamerad Sahne und ich, in eine Richtung, in der auf einmal zwei Papp-Kameraden aus dem Boden aufklappten. Ein Vorgesetzter rief uns immer die Situation zu. ZWEI UNBEKANNTE PERSONEN ... Als Wachführer eingeteilt rief ich nun in Richtung Pappfiguren: „HALT, STEHEN BLEIBEN!" Vorgesetzter: „DIE UNBEKANNTEN REAGIEREN NICHT UND RENNEN WEG". Ich ziehe meine Pistole, lade sie fertig und brülle: „HALT, ODER ICH SCHIEßE!" Vorgesetzter: „DIE UNBEKANNTEN ZIEHEN EINE WAFFE UND ERÖFFNEN DAS FEUER" Nun rief ich zu meinem Wachsoldaten: „SAHNE, DU SCHIEßT AUF DAS RECHTE ZIEL", und zielte selbst auf die linke Figur. Wäre nun meine Pistole nicht kaputt gewesen, wäre das Ganze echt total cool gekommen. So musste erst ein Vorgesetzter daran rum fummeln und ich konnte erst ein paar Sekunden später auf die Figur ballern. Beim zweiten Schuss lag diese dann auch flach. Da alles so schnell ging, waren wir Mittags schon wieder zurück und gammelten Nachmittags nur noch rum, da die Vorgesetzten nicht wussten, was sie mit uns tun sollten. Das einzige, was wir noch taten, war eine Runde mit unserer „Militär-Sau" (*StUffz Streng*) in der Kaserne zu joggen, diesmal nicht wie üblich im Sportanzug, sondern im Gefechtsanzug, was die Füße mit den Kampfstiefeln ganz schön schwer machte. Nach Dienstschluss war ich dann ziemlich kaputt und warf mich nur noch ins Bett. Nach zwei Stunden Schlaf war ich dann total am Sack und hatte auch keinen Bock mehr mit zwei Kameraden nach Hemau zum Pizza-Essen zu gehen. Ich trank lieber noch zwei Bierchen im Mannschaftsheim und legte mich danach wieder ins Bett, um mit einem Stuben-Kameraden, der auf Grund eines **Diszis** das Gebäude nicht verlassen durfte, zu plaudern. Als die zwei „Pizza-Ess-Kandidaten" dann um 22:50 immer noch nicht zurück waren, dachten wir uns nur *„das übliche eben"*, doch als es dann schon „ZAPFENSTREICH" über den Gang hallte, machten wir uns langsam Sorgen. Wir hüpften beide aus dem Bett, der eine räumte noch das Zeug der anderen vom Tisch, und ich schlüpfte in meinen Sportanzug, um die Stube abmelden zu können. Gleichzeitig rissen die beiden Vermissten die Tür auf, stürmten total außer Atem an ihre Betten, zogen sich aus, und warfen sich unter ihre Decken. Als ich mir gerade noch den letzten Schuh anzog und mich wieder aufrichtete, ging auch schon die Tür auf und der *Zugdienst* schaute mich erwatungsvoll an. Ich machte Meldung und er forderte mich auf, mit zu kommen. Als er mir zeigte, dass unsere *Revier* nicht gereinigt ist, was ich natürlich wusste, da wir das nur sehr selten reinigen, musste ich alle auf unserer Stube wieder aus dem Bett werfen, um das *Revier* zu reinigen. Nicht schlecht, *Revier-Reinigen* nach *Zapfenstreich*, das muss man auch mal gemacht haben. Und jetzt ist es 01:00 Uhr, und wir labern immer noch rum.

Sonntag, 16.März (Nach Ankunft in Hemau) <Tag 74>

Das Wochenende habe ich genossen, aber jetzt betrat ich eben meine Stube und ich sah zwei Sachen, die mich gleich mal richtig ankotzten. Das erste war eine „extrem" unordentliche Stube, Tisch und Boden übersäht von Müll, Klamotten und sonstigem Durcheinander und weit und breit nichts von den Stuben-Kameraden zu sehen, die übers Wochenende hier geblieben sind. Aber aus Erfahrung weiß ich, dass das kein wirkliches Problem ist.

Was mich mehr ankotzte, war der Anblick meines fast fertig gepackten Rucksackes, mit dem es morgen ins *BIWAK* gehen sollte. Nachdem ich diesen Rucksack noch fertig gepackt habe, (natürlich auch mit allen möglichen Süßigkeiten und Brotzeit ..., was eigentlich nicht erlaubt ist, aber irgendwie muss man ja überleben!), kam dann auch der Rest der Stube von seinem Regensburg-Ausflug zurück, um die Stube auf zu räumen. Nun werden wir auch bald ins Bett gehen, denn schließlich haben wir ja eine harte Woche vor uns.

Heute Morgen haben wir erst noch mal richtig gefrühstückt, hatten um 07:00 Morgen-Appell, mit der allgemeinen Lage zum **BIWAK** und sind dann um nullachthundert (08:00) mit vollem Gepäck auf den Bus „aufgesessen" um Richtung **BIWAK** zu fahren. Laut Kompanie-Chef sollten wir dort auf zwei andere **AGA**-Züge treffen, um eine Sonderausbildung zur Bewachung von Gebäuden und Objekten zu bekommen, da auf Grund des bevorstehenden Krieges im Irak laut BND die Gefahr von Anschlägen auf US-Einrichtungen in Deutschland stark gestiegen sei, und wir diese womöglich bald bewachen müssten?!?

Als wir am Übungsplatz bei Oberhinkhofen oder -hausen (in der Nähe von Regensburg) ankamen, wurden wir erst mal in unsere Bunker eingeteilt. Die vier zuvor erstellten Gruppen, jeweils um die 10 Mann bekamen jeweils einen Bunker. Das Wort Bunker hört sich noch gut an, und man denkt „toll, immerhin kein Zelt!" aber so toll war das Ding auch nicht. Ein kalter Batzen Beton, mit einem Hohlraum, zwei Eingangstüren, Lüftungsschächten und Gras oben drauf. Es war eiskalt in dem Ding und Licht gab es natürlich auch nicht. Die einzigen beiden Vorteile waren, dass man Wind- und Regengeschützt war. Als nächstes bekamen wir den Befehl, **Stellungen** zu bauen. Das bedeutete, dass ich mit einem Kameraden am Rand des Übungsplatzes (in der Nähe unseres Bunkers) im Schutz von Büschen und Bäumen ein Loch buddelte, in das wir uns beide legen konnten und das angrenzende Gebiet beobachten konnten, um gegebenenfalls auf den angreifenden Feind zu schießen. Dieser durfte uns jedoch von außen auf keinen Fall sehen. Während wir also unser Loch gruben, wurde es plötzlich immer lauter und deutsche Kampfflugzeuge begannen, ein paar Übungen über uns zu machen. Das hat mich als alten „Flugzeug-Fanatiker" erst mal wieder hoch motiviert. Nachdem wir unsere Stellungen dann fertig ausgebaut hatten, gab es erst mal Verpflegung. Zu meiner Verwunderung gab es auch Mittags kein **EPA** (dieses Zeug, was schon seit Jahren verschweißt rum liegt), sonder richtige Mahlzeit, aber natürlich in den **BigPot**. Nachmittags hatten wir dann plötzlich **ABC-Alarm**, und mussten Stundenlang mit **ABC-Maske** im dunklen, verschlossenen Bunker liegen. Anschließend wurden wir noch in die Streife eingeteilt und machten zwischendurch noch ein Feuer. Dann war die Nacht auch schon da. Es mussten immer zwei Mann zusammen Streife laufen. Es gab einen vorgeschriebenen Weg, den beide laufen mussten. Auf diesem Weg gab es verschiedene Objekte, wie Gebäude, KFZ, Tor ..., die man kontrollieren musste. Die Streife wurde stündlich abgelöst, was dazu führte, dass man nicht sehr viel Schlaf bekommen würde. Obwohl es schon Nachts war, sollte der Tag noch nicht zu Ende sein. Plötzlich gab es Alarm, und wir mussten unsere Stellungen (die wir Vormittags ausgebaut hatten) beziehen. D. h. im Dunkeln, geduckt die halbe Strecke zur Stellung rennen, dann krabbeln und kurz vor der Stellung dann **gleiten**. Zusätzlich musste der eine „Stellungs-Kamerad" den anderen immer sichern, „überdecktes Vorgehen" schimpft sich das bei der Bundeswehr". In der **Stellung** angekommen bekamen wir dann die ersten Befehle unseres Gruppenführers. Wir sollten unseren Bereich beobachten und melden, falls wir etwas sahen. Am anderen Enden des Übungsplatzes wurde schon heftig geschossen, und das Gebiet vor uns wurde immer wieder von eigener Gefechtsfeld-Beleuchtung stark erhellt. Das ganze war wirklich geil, aber leider auch schweine-kalt. Endlich sah ich zwei Personen, die sich geduckt durch die Dunkelheit bewegten. Mein „Stellungs-Kamerad" wollte mir das nicht glauben, und verunsicherte mich zuerst, doch als ich sie wieder sah, meldeten wir es dem Gruppenführer, und er befahl allen, das Feuer zu eröffnen. Würde mein Gewehr mit Übungsmunition richtig funktionieren, hätte das ganz bestimmt noch mehr Spaß gemacht, doch leider kann ich damit nur einzelne Schüsse abgeben und muss nach jedem Schuss den Spannhebel zurückziehen. Als es nach dem

Feuerkampf wieder ruhig wurde, mussten wir uns wieder an den Bunker zurück ziehen.

Nun ist es schon sehr spät und ich werde mich vom Feuer in meinen Schlafsack im Bunker zurück ziehen, um wenigstens ein bis zwei Stunden zu schlafen bevor ich wieder Streife gehen muss. Gute Nacht!

Dienstag, 18. März (BIWAK: 2. Tag) <Tag 76>

Nach dem ich nun 2,5 Stunden geschlafen habe (mit Unterbrechung) und noch mal Streife gelaufen bin, habe ich mir jetzt auch noch meinen Schuh angezündet. Ja, nach dem Streifen-Rundgang habe ich mich nicht mehr hingelegt, sondern ans Feuer gesetzt, da sowieso nur noch eine Stunde bis zum Aufwecken war. Als ich da so am Feuer saß, habe ich meinen rechten Fuß zum Wärmen in die Feuergrube gelegt, an eine Stelle, an der gerade kein Feuer sondern nur Asche war. Dann muss ich wohl eingeschlafen sein und als ich starke Hitze an den Zehen verspürte, bin ich aufgewacht. Ich riss meinen Fuß aus dem Feuer und musste feststellen, dass mein Kampfstiefel lichterloh brannte. Ich sprang auf, und trampelte wie wild im Kreis herum, zuerst rangen sich die Flammen noch zu mir hoch, doch dann erlosch der Stiefel endlich. Im Inneren war er aber immer noch glühend heiß, was meine Zehen auch zu spüren bekamen. Als ich mich wieder beruhigt hatte, musste ich feststellen, dass die Naht meines Stiefels an der Seite aufgeplatzt war und sich innen alles verzogen hatte, wodurch ich nicht mehr so richtig gut auftreten konnte. Der Tag fing also schon gut an! Nur gut, dass mich niemand gesehen hat. Nach dem Frühstück und dem Morgenappell mit den Lügen über die politische Lage (angeblich sollen auf Grund des Kriegbeginns schon irgendwelche Terroristen ihr Unwesen treiben und bla bla bla) hieß es nun, Ausbildungslücken anhand von Stationsdurchläufen zu beseitigen. Es gab vier Stationen, zu denen wir anhand von Kartenausschnitten marschieren mussten. An diesen Stationen wurden uns noch mal Straßensperren, das Erstellen von Meldungen und Skizzen, **ABC-Alarm**, Transportieren von Verwundeten ... gezeigt. Das alles dauerte den ganzen Tag und war zum Teil schon anstrengend. Nach dem Abendessen hieß es wieder Streife gehen, doch zuerst meinte unser Gruppenführer, hätten wir noch eine besondere Aufgabe bekommen. Wir sollten bei einer Nachtausbildung der **Stamm**-Mannschaft (**Gefreite** ...) die Idioten spielen. Die saßen mit Nachtsichtgeräten an einem bestimmten Punkt, und wir sollten verschiedene Sachen machen, damit die uns beobachten können, und sehen, wie das ganze durch dieses Nachtsichtgerät aussieht. Ich musste z.B. aus dem Wald laufen, abknien und mich dann noch hinlegen. Nach einer Stunde war die Show beendet und wir durften zur Belohnung noch ein paar Minuten mit den Nachtsichtgeräten rum spielen. Diese Teile sind echt geil! Man sieht zwar alles grün, aber man sieht alles. Und wenn jemand eine Zigarette in der Hand hält, leuchtet die wie eine Taschenlampe. Wirklich Irre. Nachdem ich dann so gegen Mitternacht mit einem Kameraden Streife gelaufen bin, hieß es plötzlich vom Gruppenführer, es gebe wieder eine Übung für den **Stamm**, und wir sollen im Bunker verschwinden und schlafen, sobald geschossen wird. Das hört sich nach mehr Schlaf an und deshalb pack ich jetzt mein Zeug und schmeiß mich in meinen Schlafsack. Gute Nacht!

Mittwoch, 19. März (BIWAK: 3. Tag) <Tag 77>

„Rekrutenbesichtigung". Heute geht es ans Eingemachte. „Wer das nicht besteht, muss die **AGA** wiederholen", behaupten die Vorgesetzten immer wieder. Na mal sehen! Zuerst das Übliche, Körperpflege (Ein Kanister mit kaltem Wasser steht dazu zur Verfügung, und die täglichen Lügen vom Hauptmann. (Heute durften wir endlich mal **EPA** zu uns nehmen, lecker!) Dann zogen wir mit unserem Gruppenführer los. Es gab wieder Stationen, zu denen wir marschieren sollten, diesmal waren es folgende:

- Skizze und Meldung
- Alarmposten
- Schießen mit dem *G3*
- Karte & Kompass

Als erste Station stand „Skizze und Meldung" auf unserem Plan. Wir mussten uns alle am Waldrand in den Dreck legen und eine Skizze des vor uns liegenden Geländes anfertigen. Irgendwann tauchten in der Ferne zwei feindliche Soldaten auf und marschierten von einem Punkt zum anderen. Über dieses Ereignis sollten wir nun noch eine Meldung schreiben. Das war's, ich hab ein gutes Gefühl. Auf zur nächsten Station, Schießen mit dem *G3*. Hier sollten sich immer wieder Soldaten nebeneinander auf der Schießbahn in Richtung Pappfiguren bewegen, und zwischendurch in den verschiedensten Positionen schießen. Los geht's: Auf 250m (Ich hoffe, dass ich die Entfernungen noch richtig im Kopf habe) liegend hieß es plötzlich „Feind auf 12 Uhr ..." Wir mussten auf Höhe 200 m rennen und von hier aus auf Befehl liegend mit aufliegendem Gewehr auf die Papp-Kameraden schießen. ein Schuss Feuerüberfall, d.h. alle Soldaten gleichzeitig, und dann drei Schuss gezielt, unabhängig von den anderen Soldaten, auf die Pappfiguren. Umgenietet, jawoll! Nun hätte ich mein Visier umstellen müssen, weil ich ja gleich wieder näher ran renne, doch das habe ich zu dem Zeitpunkt leider vergessen und das musste ich auch gleich spüren. Wieder spurteten wir 50m, also auf Höhe 150m. Von hier aus mussten wir im Liegen „freihändig" (ohne das Gewehr aufzulegen) vier Schuss auf die Papp-Kameraden abgeben. Ich weiß nicht wo die Kugeln überall einschlugen, die Pappfigur rührte sich auf jeden Fall nicht. (Ich sah höchstens mal am Boden Erd-Brocken rum fliegen.) Das lag wohl an der falschen Visier-Einstellung, wie ich jetzt auch bemerkte. Nun ging es auch schon weiter auf Höhe 100m, diesmal abgekniet, und siehe da, mit der richtigen Visier-Einstellung ging der

Feind auch wieder nieder. Die letzten vier Schuss gaben wir dann noch von Höhe 50m freihändig im Stehen ab, wieder getroffen. Habe das Ziel erreicht, wunderbar, auf zur nächsten Station, „Alarmposten". Hier hatten wir erst mal Zeit, uns zu verpflegen, bei mir gab's Hackfleisch mit Kartoffeln aus dem *EPA*, dieses wurde sogar erst 1999 verpackt. Danach hieß es, den Alarmposten (Eine *Stellung*, die immer besetzt ist, und die anderen alarmiert, falls der Feind kommt) richtig zu beziehen, also gesichert hin*gleiten*, Ablösegespräch führen (Lage, Grenzen, und alles was der Typ der drin liegt wissen muss), und wieder richtig verlassen. Lief auch alles ganz gut und der Stationsleiter war zufrieden. So langsam war ich kaputt, aber eine Station lag noch vor uns, „Karte & Kompass". Hier bekam jeder eine Karte, einen Kompass und eine Hand voll Aufgaben, z.B. Eigenen Standort finden, Marschkompasszahl zu einem bestimmten Ort herausfinden, Entfernungen bestimmen ... An dieser Station hatte ich etwas Probleme, da ich nicht mehr wusste, wie das mit dieser Marschkompasszahl funktioniert. Nach längerem rumprobieren hab ich es dann aber doch auf die Reihe bekommen. Das war's dann auch schon, es konnte wieder zurück ins Lager gehen. Doch der Weg dorthin sollte für mich noch mühsam sein, denn ich musste das Maschinengewehr tragen. Auf größere Distanz kann dieses Ding ganz schön schwer werden, vor allem wenn man es im Anschlag, also immer Schussbereit, tragen muss. Aber auch das ging vorbei, und endlich waren wir zurück. Nun lautete der Befehl, alle *Stellungen* wieder zu vernichten, sprich wieder mit Erde zu füllen. Das hieß für uns, dass es diese Nacht bestimmt keinen Alarm mehr gab. Außerdem meinte der Kompanie-Chef noch, dass er mit uns allen hoch zufrieden sei, und dass alle die heute an der ‚Rekrutenbesichtigung teilgenommen haben die *AGA* bestanden haben. Abends gingen wir dann noch in eine Art „Mannschaftsheim" das zur in der Nähe liegenden Schießanlage gehörte. Hier machten wir einen kleinen „Kompanieabend", bei dem wir Alkohol trinken und normales Essen zu uns nehmen durften. Nach einem

Schnitzel, 1 ½ Weißwürsten und zwei Weizen bin ich dann immer wieder am Tisch eingeschlafen. So um 22:30 gingen wir dann endlich zurück und durften uns auch gleich Schlafen legen. Doch durch den Rückweg war ich irgendwie wieder fit und entschloss mich, noch eine Zigarre zu rauchen, die ich gut behütet von zu Hause mit brachte. Als dann auch der letzte Raucher im Bunker verschwand, lag ich alleine am Feuer. Und ich genoss es. Eine tolle Stille, nur das Knistern des Feuers und ein klarer Sternenhimmel über mir. Hin und wieder ein Zug an der Zigarre, das Gewehr neben mir liegen, traumhaft!

Nach dem ich mich kurz nach 01:00 Uhr endlich dazu entschloss, mich in den Bunker zu verziehen, dort aber eine Menge Leute schnarchen hörte, lieg ich nun wieder hier am Feuer, doch diesmal mit Schlafsack, um endlich schlafen zu können und wenn's im Freien sein muss. Gute Nacht!

Donnerstag, 20. März (BIWAK: 4. Tag) <Tag 78>

Bis zum heutigen Vormittag waren wir noch im Unklaren darüber, ob wir in die Kaserne zurück marschieren, irgend eine andere Strecke marschieren, oder einfach gar nicht mehr marschieren. Doch alle befürchteten, dass heute noch ein Marsch auf uns zukommen würde, die einen mehr, die anderen weiniger. Nach dem allmorgendlichen Ablauf mussten wir erst einmal unseren Rucksack fertig packen und die Feuerstelle wieder zubuddeln. Dann hieß es plötzlich, dass wir nicht in unsere Kaserne zurückfahren würden, sonder mit dem Bus zu einem in der Nähe liegenden amerikanischen Übungsplatz verlegen würden, um die dortigen Liegenschaften zu bewachen. Nun waren wir uns alle unsicher, ob das nicht wieder eine dieser „Lügen" war, wir gingen eigentlich alle davon aus. Tatsächlich holte uns ein Bus ab, aber uns viel auf, dass alle die Kameraden, die nicht marschieren konnten, zurückbleiben mussten, und durch die ein oder andere Aussage der Vorgesetzten waren wir uns nun ziemlich sicher, dass das alles wieder ein erfundenes Szenario ist und wir letztendlich wohl oder übel doch marschieren müssen. Nach einer kurzen Busfahrt meinte unser Kompanie-Chef dann auch, dass wir nun einen Umweg nehmen müssen, da auf dem normalen Weg eine Bundeswehr-Kolonne von Terroristen angegriffen wurde ... Plötzlich blieb dann der Bus stehe, da er angeblich einen Motorschaden hatte und wir mussten uns alle Gruppenweise im Wald versammeln, um uns für einen Marsch zurück in unsere Kaserne zu Rüsten. So ein Zufall aber auch, dass der Bus gerade jetzt kaputt ging, 20 km von Hemau entfernt. Dummes Geschwätz, die hätten uns auch ganz normal sagen können, dass wir heute marschieren werden. Aber was soll's, nun mussten alle Gruppen, es waren vier, in Abständen von 30 Minuten starten und eine vorgeschriebene Strecke mit vollem Rucksack bewältigen. Wir starteten so gegen 13:30 und sollten bis 17:00 in der Kaserne sein. In Schützenreihe (einer links, einer rechts, einer links ... mit dem Gewehr im Anschlag) ging es los. Mir schmerzte von Anfang an der Rücken, bzw. die Schulter von diesem dämlichen Rucksack (ca. 25 kg) und der **Koppel** (noch mal extra Gewicht). Die Schmerzen wurden immer schlimmer, und nach den ersten Kilometern war ich mir sicher, dass ich das nicht bis zum Ende durchhalten würde. Plötzlich hieß es „C-Alarm", und wir mussten alle mit **ABC-Maske** weiter marschieren. Und irgendwie kam keine Entwarnung. Ich hörte meinen Atem und konzentrierte mich darauf, ihn ruhig zu halten, um unter dieser Maske nicht durch zu drehen. Hin und wieder schummelte ich, indem ich den unteren Rand der Maske mit meinem Kinn weg drückte, und dadurch Luft eindringen konnte, allerdings beschlugen dadurch die Gläser der Maske und ich konnte fast nichts mehr sehen. Wir marschierten und marschierten, es kam mir ewig vor. Ein Kamerad in unserer Gruppe war kurz vor dem Umfallen. Er wurde immer Langsamer, und bekam fast keine Luft mehr, doch wir konnte ihn mit ziehen. Endlich trafen wir auf eine kleine Kreuzung, an der ein Soldat stand und einige Gerätschaften um sich hatte, das ganze sah wie eine Art

Checkpoint aus. Hier gab es dann auch Entwarnung und wir durften endlich wieder diese Masken abnehmen. Außerdem gab es Wasser und fünf Minuten Pause. Ich trank wie ein wahnsinniger und schob mir noch schnell einen Müsli-Riegel in den Mund, als es auch schon wieder weiter ging. Wieder begann der Rucksack zu drücken bzw. zu ziehen und die Beine wurden immer schwerer, und ich hatte das Gefühl, diesen Marsch nicht durch zu halten, denn eigentlich war mein Körper schon durch die **BIWAK**-Woche ziemlich fertig. Wir liefen die meiste Zeit auf einem Kiesweg, doch nach dem wir auf eine feindlich **MG**-Stellung trafen und diese bekämpften (was irgendwie ganz cool war, da wir im Straßengraben lagen und wie verrückt in Richtung Feind ballerten), wichen wir vom Weg ab und liefen durch einen Wald, über Stock und Stein. Der Marsch ging immer weiter und wollte nicht aufhören. Ich nutzte jedoch jeden kleinen Halt, um das Gewicht meines Rucksackes auf irgend einen Baumstamm, Fels oder sonst irgend etwas zu verlagern. Zwischendurch mussten wir hin und wieder „einsickern", d.h. immer zwei Mann z.B. über ein freies Feld, die andern Sichern, bis alle das Feld überquert haben, dabei muss man rennen und wird noch fertiger. Im weiteren Verlauf des Marsches trafen wir noch auf ein paar Stationen, irgendwann lag z.B. ein Verletzter herum, dem wir helfen mussten, wir trafen auf einen feindlichen, verlassenen LKW, den es zu sichern galt, was wir auch taten, aber leider ohne daran zu denken, dass er mit versteckter Ladung (Sprengstoff) nur so übersät sein könnte, was uns unsere Ausbilder dann auch wissen ließen.

Als es schon dämmerte und ich bereits auf dem Zahnfleisch daher kam, erreichten wir endlich unseren Übungsplatz, der ja direkt an die Kaserne grenzte. Ich kam mir vor wie im Abspann eines Filmes, eines Kriegsfilmes, in dem die zurückkehrenden Soldaten dem Sonnenuntergang entgegen laufen, und im Vordergrund schon die Schrift läuft (die Sonne ging tatsächlich gerade unter …).

Das Wissen, dass es nun nur noch wenige Kilometer waren (etwa zwei), gab mir noch die letzte Kraft, um in die Kaserne zu gelangen. In der Kaserne angekommen, erfuhren wir, dass wir die erste Gruppe waren, und ich hätte beinahe noch eine Woche vor *AGA*-Ende einen *StUffz* angefallen. Dieser *StUffz*, seit ich ihn kenne nur im *Innendienst*, meinte nämlich, uns noch herum hetzen zu können und schnauzte mich schon zweimal an, weil ich nicht sofort auf den Gang zum Waffenputzen ging, sondern noch was trinken wollte. Beim dritten mal musste ich dann daran denken, dass er die letzte Woche im Warmen saß, keinen Marsch hinter sich hatte, und holte schon Luft, um ihm einen bösen Spruch an den Kopf zu werfen, doch als er meinen Gesichtsausdruck sah, meinte er nur, „ich weiß dass es hart war, ... bla, bla...“ und ging wieder. Nun mussten wir noch Waffen reinigen, bis endlich alle Gruppen da waren, doch ich war so erledigt, dass ich nicht wirklich viel gereinigt habe. Anschließend mussten wir alle noch mal draußen *antreten* und der Hauptmann hielt noch eine kleine Rede: Politische Lagen waren Erfunden, wir waren sehr gut, bla, bla, ... Nun durften wir uns noch Essen und Trinken aus dem Mannschaftsheim bestellen, duschen, auspacken ...

Und nun bin ich so kaputt, dass ich mich schon richtig auf meine Schaumgummi-Matratze freue, in die ich mich jetzt gleich fallen lassen werde. Aber eines möchte ich noch los werden: Es ist fast unbeschreiblich, wie ich mich die letzten Stunden fühlte, der Marsch hörte sich hier lange nicht so schlimm an, wie er wirklich war, und ich habe mir 20km marschieren nie so wild vorgestellt, doch vor allem dieser schwere Rucksack, die Koppel und mein kaputter Schuh machte mir das ganze echt zur Hölle und ich behaupte mal, dass ich mich körperlich noch nie so angestrengt habe wie heute, und dieser Marsch bedeutete für mich nicht nur, den inneren Schweinehund zu überwinden, nein das war mehr. Gute Nacht!

Freitag, 21. März <Tag 79>

Heute war ich nur noch kaputt. Ich bin nur so rum gestanden/gesessen und habe darauf gewartet, endlich Heim fahren zu dürfen. Neben zu hab ich noch so getan, als würde ich meine Waffe, die Stube und das Revier reinigen. Dann hatten wir endlich Dienstschluss und ich trat die Heimfahrt in völlig übermüdetem Zustand an, aber ich wollte einfach nur noch Heim. Und da bin ich jetzt auch, schönes Wochenende!

Samstag, 22. März <Tag 80>

Schöne Scheiße, jetzt habe ich mich gestern Nachmittag `n bisschen in die Wanne gelegt und geschlafen, und als ich wieder aufwachte, ging's mir total beschissen, und ich hatte sogar 39 Grad Fieber. Eigentlich sollte ich nun zu einem BW-Arzt, doch der nächste der heute Bereitschaft hat, ist zu weit weg, als dass ich dort hin fahren könnte (in meinem Zustand) und deshalb darf ich zu einem zivilen Arzt.

Sonntag, 23. März <Tag 81>

Es geht mir immer noch schlecht, und nachdem ich mich beim *UvD* in Hemau informiert habe, ging ich noch mal zum zivilen Arzt, um mir von diesem schriftlich bestätigen zu lassen, dass ich nicht in der Lage bin, nach Hemau zu reisen. Nun muss ich halt morgen zum nächstgelegenen Truppenarzt, der sitzt in meinem Fall in Füssen.

Montag, 24. März (Mittags) <Tag 82>

Jetzt war ich gerade in Füssen beim Truppenarzt, und der wollte mich doch tatsächlich für die ganze Woche krank schreiben. Aber da dies ja meine letzte Woche ist, und ich noch meine Ausrüstung holen sollte und bestimmt noch Schreibkram zu erledigen habe, musste ich ihn darum bitten, dass er mich nur bis einschließlich Mittwoch krank schreibt. Echt toll, da werde ich einmal krank geschrieben, und ich Idiot lehne es ab. Na was soll's, jetzt hau ich mich erst mal wieder aufs Ohr.

Mittwoch, 26. März (gegen 23:00) <Tag 84>

Ich fühle mich wieder ziemlich fitt und sitze auch schon wieder in Hemau auf meiner Stube. Sonst ist da noch niemand, da heute Abend Zugfest in irgend einer Halle auf dem Kasernengelände ist. Ich habe jetzt aber irgendwie gar keinen Bock auf die anderen und außerdem bin ich ja offiziell noch **KZH** geschrieben. Jetzt höre ich auch schon die ersten betrunkenen auf dem Flur rum grölen, na dann nichts wie ins Bett, damit ich keinen mehr von denen sehen muss. Gute Nacht!

Freitag, 28. März (Nachmittags) <Tag 86>

Aus Is! Na ja, zumindest mit der **AGA**. Aus und vorbei, irgendwie schade, aber andererseits auch eine große Erlösung. Die letzten beiden Tage musste ich noch feststellen, dass es tatsächlich Ausbilder gibt, die unseren **AGA**-Zug ruhig halten. Anfang der Woche sind nämlich zwei berüchtigte Ausbilder von ihrem Feldwebel-Lehrgang zurück gekommen, und die können ganz schön brüllen. Aber ich musste sie Gott sei dank nur zwei Tage erleben. Zwei Tage, in denen ich von der Standort-Ärztin „Krank auf Stube" geschrieben wurde, und nur zu organisatorischen Tätigkeiten raus durfte. Das heißt, keine Waffen putzen und so weiter, also zwei angenehme letzte Tage.

Unsere Grundausbildung in Bildern

Plan B beim öffnen des Spinds

Plan C beim Ordnung-Halten

Alltag am Rande des Dienstes

Mein „Muster-Spind"

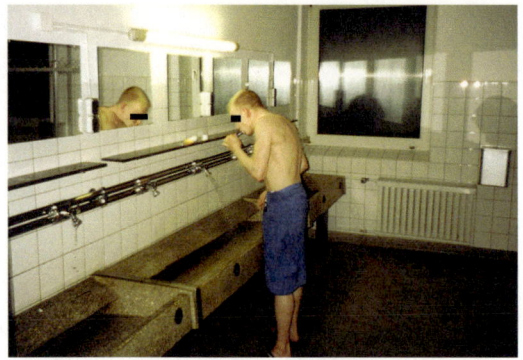

Das Bad … (nen Bademantel hab ich nie gefunden)

… extra geräumige Duschen …

…

„Gespieltes" Biwak beim Tag der offenen Tür

Echtes Biwak irgendwo in der Pampa

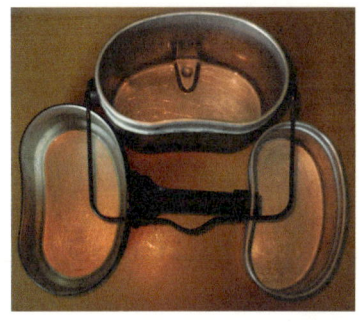

Echtes Geschirr aus dem
wir irgendwo in der Pampa
essen mussten.

- Führerschein -

Sonntag, 30 März (nach 20:00)

Für die kommende Woche ist Führerschein angesagt. Das ganze läuft im KAZ (Kraftfahrer-Ausblidungs-Zentrum) in Kempten, einer Stadt die 30 km von meinem Heimatort entfernt ist, ab. Ich musste mich schon heute in meinen „*Großen Diener*" schmeißen und mich bis 20:00 Uhr hier melden, um dann gelangweilt rum zu gammeln, obwohl ich ruhig erst morgen früh hier her fahren hätte können, da ich sowieso nur einen *OG* angetroffen habe, der mir kurz meine Stube ... gezeigt hat. Auf dieser Stube traf ich dann auch noch zwei *AGA*-Kameraden an, mit denen ich eigentlich in der *AGA* überhaupt nichts zu tun hatte, da sie nicht wirklich so mein Fall waren. Trotzdem werde ich jetzt dann mit einem von ihnen ein Bier trinken gehen.

Nachträglich hinzugefügte Anmerkung
Ich durfte leider nur den Auto-Führerschein machen.
Diesen hatte ich im zivilen Leben zwar schon, aber damit ich auch mit Bundeswehr-Fahrzeugen fahren durfte, musste ich diesen Auto-Führerschein noch mal machen.

Montag, 31. März (nach Dienstschluss)

Heute war erst mal ein Berg an Formalitäten abzuarbeiten, bevor es mit dem Unterricht los gehen konnte. Die nächsten Tage werden wir theoretisch lernen, wie ein Auto funktioniert, also Technik ..., wie man ein Fahrzeug einweist (Handzeichen ...) und grundlegendes zum Führen eines Bundeswehr-KFZ erfahren. Anschließend sollen wir das ganze noch praktisch durchführen, um am Donnerstag dann folgende Prüfungen abzulegen:

1. militärische Fragebögen (wie beim zivilen Führerschein, nur mit militärischen Fragen <theoretisch>
2. Prüfung des technischen Wissens direkt am Fahrzeug <praktisch>
3. Einweisung eines Fahrzeuges <praktisch>

Das Gute an dieser Woche ist, dass wir täglich um 16:30 Uhr Dienstschluss haben, und ich zumindest theoretisch jeden Tag Heim fahren kann, so wie ich es z.B. heute gemacht habe.

Mittwoch, 02. April (nach Dienstschluss)

Bisher ist nichts besonderes passiert, nur das, was ich am Montag schon angekündigt habe. Doch, ich hatte mal wieder eine Fahrstunde, 50 Minuten durch Kempten kurven, und der Fahrlehrer war bis auf ein paar Kleinigkeiten sogar zufrieden mit meinem Fahrstil. Diese Fahrt diente dazu, fest zu stellen, ob man uns Fahrschüler, die ja in diesem Fall alle schon einein zivilen Führerschein haben, überhaupt im Namen der Bundeswehr rum fahren lassen kann. Gestern hab ich in Kempten übernachtet, da ich nach Dienstschluss erst mal ins Kino gegangen bin und mich dann mit einem ehemaligen Klassenkameraden (aus kemptener Berufsschul-Zeiten) auf ein Bierchen getroffen hab. Da ich erst heute Morgen um 01:00 Uhr zurück kam, war ich den ganzen Tag etwas müde, aber jetzt ist ja Gott sei Dank Dienstschluss und ich bin schon wieder zu Hause.

Freitag, 04. April

Gestern haben wir brav unsere Prüfung abgelegt, alle erfolgreich, bis auf zwei, aber die durften ihren versauten Theorie-Teil heute erfolgreich wiederholen. Neben der theoretischen Prüfung musste jeder von uns einzeln an ein Fahrzeug treten, in meinem Fall war es ein T4 VW-Bus, und wurde hier von einem Prüfer ausgequetscht. Er gab uns irgendwelche Aufgaben, wie z.B. Reifen wechseln, Glühbirne vom Rücklicht wechseln, und ähnliches. Nebenbei stellte er einem noch Fragen, wie man sich z.B. bei einem Unfall verhält, u.s.w. Anschließend musste dann noch jeder von uns ein Fahrzeug, welches rückwärts fuhr, anhand der gelernten Handzeichen in eine Garage einweisen. Heute haben dann alle ihren Führerschein vom Chef persönlich überreicht bekommen. Ansonsten haben wir heute nur noch unsere Bettwäsche abgegeben und die üblichen Abreise-Formalitäten abgehakt, Ausschleusung eben.

Um 10:00 Uhr konnten wir dann bereits abreisen. Und jetzt ist erst einmal Wochenende angesagt, bevor es in die **Stammeinheit** nach Füssen geht.

- Stammeinheit -

07. April 2003 (abends nach Dienstschluss)

Mein erster Tag in meiner *Stammeinheit*. Als ich heute um
06:30 Uhr in meiner Stammeinheit in Füssen (1./**GebInstBtl**
8) erschien, lernte ich erst mal meine neuen Stubenkameraden
kennen, welche denke ich ganz cool drauf sind (alle schon
Obergefreite). Nach dem *Antreten* um 07:00 Uhr stellte sich
erst einmal der Kompanie-Chef bei uns vor, da er letzte
Woche auch nicht da war. Anschließend hatte ich gleich mal
den ersten Kontakt mit dem größten Idioten der Kompanie,
einem **Uffz** im **GeZi**. Ich wollte mich dort melden, und
nachfragen, was ich nun zu tun habe, da ich ja den ersten Tag
hier bin. Da meine Kameraden mich morgens schon darauf
hin wiesen, dass hier keiner Meldungen und militärische
Grüße sehen will, außer dem Spies und dem Kompanie-Chef,
lief ich locker flockig ins GeZi rein, sagte Morgen und
begann, frei von der Seele zu sprechen. Daraufhin schnauzte
mich erst mal dieser *Uffz* an, ich solle mich so melden, wie ich
es gelernt habe, und noch mal den Raum verlassen, um ihn
anschließend ordentlich zu betreten. Na gut, ich ging also
noch mal raus vor die Tür, und gerade als ich klopfen wollte,
lief ein Oberfeldwebel an mir vorbei, der mein Namensschild
las, und meinte „ah Herr Weber, kommen sie gleich mal mit
...“ Na gut, dachte ich mir, dann muss ich schon mal nicht
mehr zu diesem Idioten. Der Oberfeldwebel war dann auch
sehr freundlich, und organisiert mir gleich jemanden, der mich
abholte und an meinen neuen Arbeitsplatz brachte. Poststelle
und S3 (eine Art Unterstelle des Kommandeurs), das sind
meine beiden neuen Arbeitsplätze. Hier sind auch zwei meiner
neuen Stubenkameraden beschäftigt. Diese wiesen mich dann
auch den ganzen Tag in meine neue Arbeit ein, stellten mich
meinen Vorgesetzen in diesem Bereich vor (Hauptfeldwebel,
Oberfähnrich und Major waren meine neuen „Kollegen“) und
führten mich im Gebäude und in der Kaserne herum. Als ich
dann nichts ahnend im Büro herum stand, klingelte plötzlich

das Telefon und einer der **OG's** ging ran. „Weber, für dich", meinte er dann, und ich nahm den Hörer und meldete mich „Gefreiter Weber?". Auf der anderen Seite der Leitung begann der idiotische *GeZi-Uffz* zu brüllen: „wieso sind sie heute morgen nicht mehr rein gekommen? Sie haben einen Befehl missachtet! Was fällt Ihnen ein? Sie werden heute Vormittag auf jeden Fall noch hier erscheinen! ...". Scheiße dachte ich mir, sagte „Alles klar" und legte auf. Die Kameraden versicherten mir nochmals, dass dieser Typ wirklich ein totaler Vollidiot ist, und ich mir nichts denken müsste.

Als ich dann später noch mal im *GeZi* vorbei schaute, wollte ich eine ordentliche Meldung machen, doch als ich mit dem militärischen Gruß begann (Hand an den Kopf ...), lachte der *Uffz* und meinte ich kann das lassen. „Na toll, was will der jetzt eigentlich?" dachte ich mir. Er belehrte mich dann, dass ich mich an meinem ersten Tag ordentlich zu melden hätte ... bla, bla, bla. Nachdem ich ein paar Sachen ausgefüllt hatte, schickte er mich noch zum Kompanie-Chef, ich solle mich dort melden. Hier machte ich natürlich eine ordentliche Muster-Meldung, doch der Chef war eher verwundert, dass ich mich bei ihm melde, aber was soll's. Anschließend ging ich wieder an meinen Arbeitsplatz, und wartete dort mit den anderen auf die Mittagspause. Das Essen war, wie es mir zuvor schon gesagt wurde, eher bescheiden. Aber Gott sei Dank kann ich ja abends zu Hause essen. Nach der Mittagspause ging es dann wieder ins Büro. Ein bisschen Post in die entsprechenden Fächer verteilt, etwas im Haus rum gelaufen, und hier und da immer wieder etwas erklärt bekommen, und schon war der erste Tag vergangen, 16:30.

Ich habe jetzt also die nächsten sechs Monate die Aufgabe, Kommandierungen, Anträge, Dienstpläne und sonstigen Schnickschnack zu bearbeiten, die eingehende Post richtig zu verteilen und abends das Geschirr zu spülen.

Guten Abend!

Freitag, 11. April (nachmittags)

Gähn! Das war ne lange Nacht. Nachdem ich mich erst heute Morgen um 04:45 Uhr „leicht angetrunken" ins Bett gelegt habe und um 06:15 Uhr schon wieder aufgestanden bin, bin ich schon den ganzen Tag müde. Wir waren nämlich die letzte Nacht im BigApple, einer Disco, gleich neben der Kaserne, und deshalb habe ich auch gleich in der Kaserne geschlafen.

Heute mussten wir dann erst mal ne halbe Stunde Stube und Revier reinigen. Anschließend hatten wir „LeKu" (Lebenskunde) bei einem Pfarrer. Dieser erzählte uns drei Stunden lang etwas über das Leben der Juden, vor allem im 3. Reich. Es war ein interessantes Thema, da er auch erzählte, wie er selbst das ganze so erlebt hatte... Doch mit so wenig Schlaf, die ganze Zeit sitzen ist hart. Gut dass es zwischendurch Pausen mit Brezeln und Cola gab. Und jetzt schlaf ich erst mal ne Runde.

Freitag 25.April (nachmittags nach Dienstschluss)

Wow, das war ne sportliche Woche! Erstens geh ich jetzt regelmäßig ins Fitness, und zweitens hat mich diese Woche auch noch die Bundeswehr zum Sport gezwungen. Eigentlich hieß es, dass ich keinen Sport mehr machen brauch, weil ich im Stab sitze, doch dem ist anscheinend doch nicht so. Am Dienstag erfuhr ich, dass ich am Mittwoch zum Schwimmen sollte, ausgerechnet ich Fast-Nichtschwimmer. Also bin ich Dienstag Abend noch mal ins Schwimmbad, um zu checken, ob ich mich überhaupt noch über Wasser halten kann. Leider musste ich feststelle, dass ich mich zwar im Wasser fortbewegen konnte, aber in 6 Min. keine 200 m schaffe, so wie es der Bund von mir verlangt. Aber da es knapp war, dachte ich mir, dass ich es einfach mal versuche, und wenn ich es wieder nicht schaffe, was soll's. Am Mittwoch ging es dann gleich morgens los ins füssener Hallenbad. Als ich meine 200 m schwamm, blieb mir fast die Luft weg, aber zu meinem

Erstaunen schaffte ich die 200 m in 5:48 Minuten, also bestanden.

Am nächsten Tag, Donnerstag, stand dann ein Marsch auf dem Dienstplan, 30 Kilometer mit 10 Kilo Gepäck, klasse! Um 07:00 Uhr traten wir wie jeden Morgen auf dem Hof an, um dann um 07:15 zu starten. Jeder erhielt einen Landkarten-Ausschnitt, auf dem die zu bewältigende Strecke eingezeichnet war. Zuerst mussten wir um den Weißensee, ein See mit etwa 5 km Umfang. Dieser See lag ganz in der Nähe unserer Kaserne, und zwischendurch boten uns sogar Autofahrer an, uns ein Stück mit zu nehmen, was wir natürlich ablehnten (zum einen weil wir den Marsch so schaffen wollten, und zum anderen, weil wir ja Streckenposten passieren mussten). Dann ging es weiter an den Hopfensee, um diesen See, mit etwa 6,5 km Umfang mussten wir auch herum. Anschließend mussten wir wieder den Weg zum Weißensee zurück marschieren, um diesen noch ein zweites mal zu umrunden. Als wir dies geschafft hatten, war die Zeit schon sehr knapp, wir durften nämlich nicht länger als 5 Stunden für die Strecke benötigen. Also mussten wir die letzen Kilometer noch rennen, um wieder rechtzeitig in der Kaserne zu sein. Die drei See-Umrundungen ergaben zusammen mit den Entfernungen zum jeweiligen See 30 Kilometer. Eine Strecke, die doch ganz schön in die Füße und Beine geht, wenn man sie erst mal bewältigt. Wir waren insgesamt schätzungsweise 30 Mann, und durften selbständig marschieren. Ich habe mich mit zwei Stuben-Kameraden aus der **AGA** (Hämmrer und Schaf)zusammen getan, um die Strecke abzulaufen. Wir sind ziemlich locker los gelaufen, und haben uns den gesamten Marsch unterhalten, was die anderen Kameraden weniger getan haben. Das war wahrscheinlich auch der Grund dafür, dass uns fast alle überholt haben. Die erste Hälfte ging ganz locker, es gab immer wieder Stationen, an denen unsere Namen notiert wurden, und wir Obst und Tee bekamen. Als wir genau die Hälfte hinter uns hatten, taten uns die Füße doch schon ganz schön weh, und wir beschlossen, eine kleine Pause zu machen, da wir ohnehin gut in der Zeit lagen. Ich lag ungefähr 10 Minuten auf einem Steg am See in der Sonne, das tat richtig gut. Als wir dann wieder weiter liefen, merkten wir allerdings, dass die Pause keine so gute Idee war, da uns nun die Füssen erst richtig weh taten. Wieder zurück am Weißensee, spürten wir unsere Schmerzen immer stärker. Nun galt es, den See noch mal zu umrunden, und dann noch die letzten Kilometer in die Kaserne zurück zu marschieren. Dazu hatten wir noch 1 Stunde. Wir liefen los, und als wir bald merkten, dass es mit der Zeit ziemlich knapp wird, legten wir immer wieder kleine Sprints ein. Nach der Hälfte des Sees jammerten wir praktisch nur noch über unsere Schmerzen. Zudem war der letzte Teil des Sees auch noch sehr schlecht zu begehen, Wurzeln und Steine erschwerten uns den Marsch. Als wir den See hinter uns hatten, wurde es richtig knapp mit der Zeit, und wir rannten die letzten zwei bis drei Kilometer fast durch, ich war fix und fertig, als wir am Kasernen-Tor ankamen, doch wir haben es noch geschafft. Was mir noch gut bekam, war die Musik aus meinem Discman, den ich Gott sei Dank in meine Hosentasche steckte, und den ganzen Marsch über laufen lies.

Nach dem Marsch setzte ich mich erst mal auf meine Stube und kümmerte mich um meine Füße, an einem hatte ich sogar eine Blase. Nach einer halben Stunde Schlaf ging ich dann in meine *Teileinheit*, um dort noch mal `n Weilchen rum zu sitzen und über meine Schmerzen zu klagen. Als Belohnung bekamen wir dann eine Stunde früher Dienstschluss, Hurra!

Freitag 09.Mai (23:16)
Rückblick auf die Allgemeine Grundausbildung

Ich schreibe diese Zeilen über die **AGA** bewusst erst jetzt, nach dem ich schon einen Monat in meiner **Stammeinheit** und mitten in meinem 2-wöchigen Urlaub bin, da ich denke, dass ich nun genug Abstand davon habe, um nüchtern zurück zu blicken. Und schließlich habe ich schon von meinem **Disziplinar-Vorgesetzten** gelernt, dass man erst mal eine Nacht darüber schlafen muss, bevor man eine Beschwerde einreichen darf.

„Ich bin froh, mich für den Wehrdienst entschieden zu haben, es war eine interessante Zeit, doch ich möchte die **AGA** nicht noch mal durch machen." Diese Aussage bekommen die meisten von mir zu hören, die mich nach meiner Bundeswehr-Zeit fragen.

Ja, es ist tatsächlich so, dass vor allem die Grundausbildung eine sehr interessante Erfahrung war, die ich nicht missen möchte. Vor allem aus psychologischer Sicht waren es interessante drei Monate. Ich wurde zu vielem „gezwungen", was ich sonst nie machen würde, bzw. unter anderen Umständen das Handtuch werfen würde, z.B. musste ich mit fünf weiteren Kerlen eine Stube teilen, obwohl ich eigentlich nie besonders gut schlafen konnte, wenn ich mit mehreren Menschen in einem Zimmer war, von denen der ein oder andere laut schnarchte. Doch mit Hilfsmitteln wie z.B. einem Discman konnte ich das Problem lösen, und im Endeffekt war es eine lustige Zeit mit den Jungs auf der Stube. Denn wir waren nach kürzester Zeit ein stark zusammen geschweißtes Team, das sich immer half, ob beim Einkleiden, im Gelände draußen, oder bei Streitereien in der Disco. Ich behaupte mittlerweile auch dass ich von den Jungs aus meiner Stube auf den ersten Blick keinen sympathisch gefunden hätte, wenn ich Ihn unter anderen Umständen kennen gelernt hätte. Aber in der Grundausbildung geht es einfach jedem gleich, jeder wird zu dieser Scheiße gezwungen, und man versucht einfach das beste daraus zu machen. Ich bin eigentlich mit den meisten gut ausgekommen, mit den einen mehr, mit den anderen weniger, und es gab auch ein paar, die ich gar nicht leiden konnte, doch die kann man an einer Hand aufzählen.

Und zu den Kameraden auf meiner Stube hatte ich eine ganz besondere Beziehung, da wir einfach Tag und Nacht zusammen waren. Das einzige Problem an der Sache war nur, dass wir alle ungefähr die selbe Einstellung hatten. Wir nahmen die **AGA** so locker wie möglich, und uns ging vieles am Arsch vorbei, bei dem sich die meisten anderen in die Hose gemacht haben. Und so kam es auch, dass unsere Stube, die Stube 320, bald überall bekannt war, und immer dabei war, wenn es irgendwo Ärger gab. Egal ob es innerhalb oder außerhalb der Kaserne war. Doch auch die Strafen dafür nahmen wir recht locker, und haben es uns so angenehm wie möglich gemacht, und genau dieses Verhalten hat uns wieder enger zusammen geschweißt. Wie man schon an dieser Stelle des Rückblickes erkennen kann, war es das Zusammenleben mit den anderen Kameraden, was mich am meisten fasziniert, bzw. was mir am meisten Spaß gemacht hat.

Doch es gab auch noch andere Sachen, die mir gefallen haben. Zum Beispiel das Schiessen. Es ist wirklich geil, scharfe Munition durch die Luft zu jagen. Ich persönlich habe bisher mit drei verschiedenen Waffen scharf geschossen: mit dem Gewehr **G3**, dem Maschinengewehr **MG3** und der Pistole **P1**. Am meisten Spaß hatte ich mit dem **G3**, damit konnte ich auch am besten umgehen. Das einzige was am Schießen störte, war das ewige warten, bis man endlich mal fünf Patronen abschießen durfte. Dazu kamen noch die ganzen Meldungen, „Herr Stabsunteroffizier, Schütze Weber melde mich zum Schießen", „**G3** entladen, Patronenlager frei, entspann und gesichert" ...

Auch das Verhalten der einzelnen Ausbilder war sehr interessant, die einen waren total fanatische Kampfschweine, die anderen strenge, aber faire Lehrer, die anderen wiederum hatten selbst überhaupt keine Lust u.s.w.

Auch sportlich gesehen, habe ich in diesen drei Monaten mehr geleistet, als ich es im zivilen Leben getan hätte. Zum Beispiel eine Stunde am Stück im Kreis rennen, bzw. joggen, ohne stehen zu bleiben, im Kampfanzug und in Kampfstiefeln zu Joggen, zwischendurch Liegestütze zu machen, und neben bei noch zu singen. Das sind alles Sachen, die ich zwar durchgehalten habe, ich aber wahrscheinlich nie gemacht hätte, wenn mich nicht jemand schreiender Weise dazu gezwungen hätte.

Es gab auch hin und wieder Momente, in denen ich am liebsten aufgegeben hätte, das Handtuch schmeißen wollte. Am schlimmsten war es immer Montag-Morgens, wenn eine neue, lange Woche vor einem lag. Es gab auch eine Zeit, in der ich gesundheitlich sehr angeschlagen war, aber doch vieles mit machen musste, dort hatte ich manchmal einfach keine Kraft mehr, und hätte am liebsten alles hin geschmissen.

Ich glaube auch, dass die ganze Grundausbildung psychisch sehr durchdacht ist. Ich hatte manchmal das Gefühl, dass man einer Art Gehirnwäsche unterzogen wird, man wird psychisch auch ganz nach unten gedrückt, um leichter manipulierbar zu sein. Wenn ich mich jetzt zum Beispiel in eine Situation zurück versetze, in der ich bei irgend einer Sache einen kleinen Fehler gemacht habe, und mich der Ausbilder angeschrieen und zur Sau gemacht hat wie ein Wahnsinniger, wäre meine Reaktion jetzt um einiges lockerer als früher. Weil ich weiß, dass ich mir bei Vorgesetzten nicht viel erlauben kann, da sie immer am längeren Hebel sitzen, und ich mir dadurch die Zeit in der *AGA* nur erschweren würde, würde ich auf ruhige Art sagen, dass ich es eben nicht besser kann, oder dass das jawohl nicht so schlimm war, ich werd's schon noch lernen, vielleicht würde ich es noch etwas lustig rüber bringen, aber ich würde mich bestimmt nicht mehr so aus der Ruhe bringen, bzw. hetzen lassen, wie ich es damals gemacht habe. Am liebsten würde ich natürlich in den meisten Fällen sagen, „leck mich am Arsch du Penner, du kannst nicht mal bis drei zählen, bist im zivilen Leben ein totaler Versager und muckst dich hier jetzt auf, weil du schon ein paar Monate länger dabei bist", doch dann wäre es natürlich aus, denn dann würde ich von ganz oben eine auf den Deckel bekommen, und hätte wahrscheinlich bei keinem Vorgesetzten mehr was zu lachen. Und deshalb denk ich mir solche Sachen nach wie vor nur, und spreche sie höchstens in „gesicherter Umgebung" aus.

Wie gesagt, allgemein ist die ganze Sache sehr interessant, teilweise Lustig, teilweise sehr hart. Aber meiner Meinung nach kann man das ganze eigentlich so gar nicht erklären und rüber bringen. Jemand, dem ich dies so erzähle, der selbst nie bei der Bundeswehr war, der wird nach wie vor keinen blassen Schimmer davon haben, was man in dieser Zeit durchmacht und erlebt. Außerdem kann ich nur schreiben, wie ich das alles empfunden habe, denn jeder wird die Sache anders erleben.

Samstag 10.Mai (00:28)
Der erste Monat in der _Stammeinheit_.

Nachdem ich eben den Rückblick auf die **AGA** geschrieben habe, ist es glaube ich ganz passend, gleich noch einen Rückblick über meinen ersten Monat in der **Stammeinheit** zu schreiben. Nachdem ich ja zuvor noch eine Woche auf Führerschein-Lehrgang war, habe ich nun schon vier Wochen im Büro hinter mir. Vier Wochen, in denen ich viel rum gesessen und mit den Kameraden im Büro geratscht habe. Man sitzt da, und wartet bis endlich Pause oder Feierabend ist. Es gibt selten viel zu tun, das einzig interessante ist eben, dass alles neu für mich ist, und mich die **OG's** erst noch einlernen müssen.
Mit den Vorgesetzen und Kameraden an meinem Arbeitsplatz kann ich wirklich zufrieden sein, sie sind alle sehr nett und man kann mit ihnen auskommen. Doch ich habe jetzt schon das Gefühl, nach den kommenden 5 Monaten überhaupt keine Lust zum Arbeiten mehr zu haben. Ein großer Vorteil ist, dass ich wahrscheinlich nie Wache schieben muss, da eine Kompanie aus unserer Kaserne eine amerikanische **Liegenschaft** bewachen muss, und zum Ausgleich dafür

unsere Kaserne in dieser Zeit von irgendwelchen **Sanis** bewacht wird.

Ich denke, dass eine lockere und eher langweilige Zeit auf mich zu kommt.

Donnerstag, 22. Mai (19:00)

Heute konnte ich mal wieder zeigen, was für eine Sportskanone ich bin ☺

Es war ein ganz normaler Tag, doch plötzlich, kurz nach der Mittagspause meinte mein **Teileinheitsführer** plötzlich, dass eben ein Anruf kam, ich müsse um 15:00 Uhr zum Sport **antreten**. Ich war natürlich nicht sehr begeistert davon, eben so wie immer, wenn es um Sport geht. Doch dann habe ich, eigentlich auch so wie immer, wenn es um Sport geht, (zumindest bei der Bundeswehr) gesehen, dass ich gar nicht so schlecht bin, wie ich dachte, und habe sogar Spaß daran gefunden. Zuerst hieß es, dass Kugelstoßen, Weitsprung und Laufen dran kommt. Anfangs beteiligte ich mich am Weitsprung, es waren 4,75 m zu schaffen. Die ersten zwei Versuche gingen schief, doch beim dritten mal packte ich 5 m. Da irgend so ein Held die falsche Kugel mit nahm, mussten wir als Alternative „Stein-Werfen" machen. Ich weiß nicht, ob das der offizielle Begriff ist, auf jeden Fall mussten wir einen Rechteckigen, Ziegelartigen, 15 Kilo schweren Stein einmal mit der linken und einmal mit der rechten Hand werfen und dabei zusammen auf mindestens 9 m kommen. Ich habe mit beiden Seiten jeweils 4,50 m weit geworfen, also auch bestanden. Dann stand noch Laufen auf dem Plan. Ich entschied mich für 3000 m, die in 13 Minuten bewältigt werden mussten. Leider brauchte ich 13 Minuten und 22 Sekunden. Aber beim nächsten mal pack ich's, schließlich will ich mir das „Goldene Leistungsabzeichen" holen. Ja, das muss schon sein!

Gestern hatte ich **_UvD_**, ich musste also von gestern Morgen um 07:00 Uhr bis heute Morgen um 07:00 Uhr an der „Pforte" unseres Gebäudes verbringen, ans Telefon gehen, regelmäßig Rundgänge machen u.s.w. . Eigentlich ein ganz lockerer Job, doch irgendwie liegt es mir, gerade an Abenden vor solchen Jobs lange weg zu gehen, und viel zu trinken. Ich war den Abend zuvor mit ein paar Kumpels in Füssen im Kino und hatte vor, danach nicht mehr mit nach Hause zu fahren, sondern gleich in die Kaserne zu gehen, um dort zu schlafen. Ungefähr so habe ich es dann auch gemacht, nur dass ich zwischen Kino und Kaserne dann noch mit nem Kumpel und gleichzeitig Kameraden in Big Apple, einer Disco in der Nähe der Kaserne war. Nachdem wir eine Menge Geld in der Disco zurück ließen, und anschließend noch auf meiner Stube frühstückten, hatte ich noch eine Stunde Schlaf, um dann den **_UvD_**-Dienst zu übernehmen. Dem entsprechend hart war es dann auch, den ganzen Tag wach zu bleiben. Als **_UvD_** hat man ein Zimmer, in dem ein Stuhl, ein Tisch, ein Bett und ein Fernseher stehen. Ich hab mir noch nen DVD-Player und ein paar gute Filme mitgenommen, damit die Zeit schneller vergeht. Allerdings hatte ich dann irgendwie gar keinen Bock auf Filme, da es mir echt beschießen ging. Nach kürzester Zeit habe ich mich dann auch erst noch mal ins Bett gelegt und ne Stunde geschlafen. Anschließend hab ich mir dann ne Musik-DVD eingelegt, und versucht, mich zu entspannen. Ich musste hin und wieder einen Rundgang machen, d.h. ein paar Zimmer im Gebäude auf Verschlossenheit überprüfen u.s.w. Ansonsten zog der Tag nur so an mir vorbei, hin und wieder kamen Soldaten vorbei, die übers Wochenende hier geblieben sind, quatschten ein bisschen und gingen wieder. Um 11:30 Uhr ging ich mal zum Mittagessen, was ausnahmsweise gut war. Für Abends gab es nur ein Lunchpaket, und das konnte man ziemlich vergessen. Also bat ich meinen Vater, der in Füssen arbeitet, mir am Heimweg was vom McDonalds vorbei zu bringen, was er auch tat. Um 18:00 Uhr war ich dann endlich fit genug, um mir den ersten Film anzusehen. „Fight Club" lief so bis 20:00 Uhr, dann war es Zeit für den großen Rundgang. Ich musste den Block verlassen, und durch die ganze Kaserne laufen, um die ein oder andere Halle unserer Einheit zu checken. Als ich am entferntesten Punkt meines Blockes war, begann es plötzlich wie wahnsinnig zu Regnen, und bis ich endlich wieder zurück war, war ich bis auf die Unterhose nass. Prima! Was soll's? Danach hab ich mir dann noch nen weiteren Film rein gezogen, und mich dann ins Bett gelegt, um bis 02:00 Uhr zu schlafen, denn dann musste ich wieder nen Rundgang machen. Anschließend schlief ich dann noch mal bis um 06:00 Uhr. Ein letzter Rundgang, Zähne geputzt und Cappuccino gemacht, und schon wurde ich vom nächsten *UvD* abgelöst.

Da ich nicht besonders gut geschlafen habe, und die Nacht zuvor nur eine Stunde, habe ich nun heute fast den ganzen Tag gepennt.

Die Hälfte der Zeit in Füssen wäre geschafft. Das bedeutet, dass ich seit heute *Obergefreiter* bin, und auch, dass die beiden alten *OG*'s aus meiner *Teileinheit* abgehauen sind, und ein neuer *Gefreiter* dafür gekommen ist. Es ist schade, dass die zwei alten *OG*'s weg sind, da sie ganz cool drauf waren. Auch wenn sie mich die letzten Wochen nur noch mit ihrem Ausscheider-Mist genervt haben. Der neue ist noch etwas schüchtern und zurückhaltend, aber den werden wir schon noch richtig biegen. Ich hab ja mittlerweile noch drei *HG*'s zur Unterstützung bekommen, die bisher im Kosovo bzw. *KZH* waren.

Die Zeit in Füssen war bisher ganz gut zu ertragen, allerdings mache ich mir momentan Sorgen, dass es nicht so angenehm bleibt, da zur Zeit ein eher rauer Wind weht. Ich habe letzten Freitag das erste mal seit der *AGA* wieder einen Stuben-Durchgang erlebt, und auch beim *Antreten* herrschen wieder rauere Töne. Ich denke das liegt daran, dass wieder alle Soldaten aus dem Auslandseinsatz im Kosovo zurück sind, und die letzten drei Monate eher eine Ausnahme waren. Ich hoffe dass es nicht all zu wild wird. Fertig machen lass ich mich auf jeden Fall nicht mehr!

Der König kommt, der König kommt! Oder so ähnlich. Also das kotzt mich total an! Mein Hauptproblem an der Bundeswehr ist nach wie vor diese scheiß Hierarchie, die jedem Taugenichts der länger dabei ist als ich die Freiheit gibt, mir etwas zu sagen und mich herum zu kommandieren. Und heute wurde dieses Hauptproblem noch mal deutlich unterstrichen. Da bei uns gerade Kommandeurs-Treffen ist, sind eine Menge hoher Tiere in der Kaserne. Der Regiments-Kommandeur, Generäle ... Und da drehen alle durch, alles muss blitze blank sein, der Tisch muss perfekt gedeckt sein, nichts darf schief gehen. „Machen sie eine ordentliche Meldung, falls der Regiments-Kommandeur herein kommt, Herr Obergefreiter", meinte unser Kommandeur zu mir. Dass ich mich nicht auf dem Boden werfen muss, wenn so ein „ganz normaler Mensch" mit ein paar Zeichen mehr auf der Schulter herein kommt, ist alles. Was soll denn das? Die sind doch alle bescheuert. Sind das Götter oder was? Heute wurde ich wieder daran erinnert, warum ich mich bestimmt nicht verpflichten lassen will.

Obwohl mich die Jungs in letzter Zeit immer öfter dazu überreden wollen. Mit den Jungs meine ich meine Vorgesetzten. Auf der einen Seite könnte ich es mir mittlerweile wirklich gut vorstellen, dabei zu bleiben, z.B. im – S6- Bereich, das ist praktisch mein Beruf (Informatiker/Computer-Hansel) bei der Bundeswehr. Doch dieser militärische Teil, hält mich wirklich davon ab. Ich habe nichts dagegen, jeden Tag in meine Uniform zu hüpfen, im Gegenteil, das gefällt mir eigentlich ganz gut, doch eben dauernd dieses Getue, mit Meldung machen, sich irgendwelchen Volltrotteln zu unterwerfen, die etwas höheres, aber deswegen noch langen nichts besseres sind. Die Tatsache, dass „draußen" ein Arbeitsplatz auf mich warten, verstärkt die Entscheidung, nicht länger zu machen natürlich auch noch mal deutlich. Ich denke dass ich hier beim Bund gut was an Geld verdienen könnte und das um einiges leichter als im zivilen Leben, doch dafür müsste ich dann auf ‚n haufen Lehrgänge, die eigentlich nichts mit meinem Beruf zu tun haben u.s.w. Das gefällt mir einfach nicht.

Ansonsten ist von hier in Füssen eigentlich nicht mehr so viel zu berichten. Jeden Tag das Selbe, ins Büro, rum hängen, Dienstschluss. Es gibt Tage, an denen ich nur rum sitze und gar nichts zu tun habe, aber es gibt auch Tage, an denen es total stressig ist. Aber im Großen und Ganzen langweilt mich das hier langsam.

Montag, 25. August (18:00 Uhr)

Na das war ja klar!

Seit Anfang diesen Monats müssen wir (die Soldaten unserer Kaserne) unsere Kaserne wieder selbst bewachen, da irgend ein höherer Mist gebaut hat und die *Sanis* auf einen Schlag abgezogen sind. Irgendwie bin ich aber überhaupt nicht scharf darauf, Wache zu schieben, und deshalb habe ich mich diesen Monat immer geschickt davor gedrückt. Ich war „zufällig" nicht bei der Wacheinteilung dabei, und auch sonst konnte ich mich ganz gut raus reden. Nur für den gestrigen Sonntag wurde ich als „Wach-Ersatz" eingeteilt, das bedeutet, dass ich einspringen muss, falls einer von den Wachsoldaten ausfällt. Na gut, dachte ich mir, wieso sollte da einer ausfallen?
Scheiße war's! Als sich bis Samstag Abend um ca. 21:00 Uhr keiner meldete, hatte sich das ganze für mich erledigt, und ich beschloss, noch `n bisschen in Biergarten zu gehen. Zur Sicherheit rief ich aber noch in unserer Kaserne an, und teilte mit, dass ich nur auf dem Handy erreichbar bin, weil mein anderes Telefon kaputt ist. Ich konnte ja nicht sagen, weil ich im Biergarten sitze, denn offiziell, streng nach Regel, muss man ja 8 Stunden vor dem Wach-Dienst im Bett liegen oder so. Und der beginnt täglich zwischen 07:00 und 08:00 Uhr.

Am Telefon meinte der *UvD* nur, dass es gut aussehe, und ich bestimmt nicht kommen müsse. Erleichtert zog ich also los. Gott sei Dank war es ein ruhiger Abend, und als ich gefragt wurde, ob ich noch mit in ne Disco fahre, lehnte ich ab und ging nach Hause ins Bett, das war so gegen 02:00 Uhr. Um 07:07 Uhr klingelte dann mein Handy: *„Bla, bla, irgendjemand hier, sie sind doch Wachersatz? Bitte kommen sie vorbei..., in vier Minuten ist Wachbelehrung ... bla, bla"* Ich hab die Hälfte im Halbschlaf nicht verstanden, und sagte, dass ich frühestens in ner halben Stunde da sein kann. Endlich aus dem Bett gekrochen, angezogen, rasiert ... packte ich noch ein paar Sachen, wie Bücher, Zeitschriften, Getränke, und meinen Fernseher, in der Hoffnung das Formel-1-Rennen sehen zu können, und war dann eine gute Stunde nach dem Anruf in der Kaserne. Dort musste ich noch meine *Koppel*, den Schlafsack und die Bergmütze (eine hässliche, graue Mütze, die man als Wachsoldat tragen muss) holen, und meldete mich dann an der Wache.

Ich denke, das war die Strafe dafür, dass ich mich bisher immer gedrückt habe. Aber so wild war es dann gar nicht. Ich habe die meiste Zeit Filme geschaut oder Computer gespielt, bzw. dabei zugesehen. Hin und wieder musste ich drei Stunden im Wachlokal vorne sitzen, von dort aus hatte man Ausblick aufs Tor, und ich musst immer mit einem Geladenen Gewehr nach draußen, sobald der Wachhabende (ein höherer *StUffz*) das Tor öffnete, um ein Fahrzeug herein zu lassen, um diesen zu sichern. Das gute war, dass am Sonntag nur dieses Tor zum Betreten der Kaserne zur Verfügung stand. Unter der Woche hätte ich immer wieder an einem anderen Tor stehen müssen, und jedes Fahrzeug bzw. jede Person kontrollieren, die rein will.

Hin und wieder musste ich noch unsere Munitions-Bunker auf Verschluss überprüfen, und das war's dann auch schon. Mein einziges Problem war, dass ich in meinen „Ruhe-Stunden" die ich entweder im Aufenthaltsraum oder im Bett verbringen durfte, nicht schlafen konnte. Deshalb hab ich auch soviel vor dem PC gesessen, und Filme geschaut ... Das einzige mal, als ich mich mal ins Bett gelegt habe, war in meiner Pause ab 00:00 Uhr, nachdem ich eine Stunde im Aufenthaltsraum rum saß und langsam Müde wurde. Um 01:00 Uhr legte ich mich dann in ein Bett, auf dem ich meinen Schlafsack als Unterlage ausbreitete. Ich war froh, dass sonst niemand im Raum war, und ich meine Ruhe hatte. Doch schlafen konnte ich dann irgendwie trotzdem nicht. Es war allgemein ziemlich laut, und vor allem hörte ich alle 10 Minuten die Tür laut knallen, wenn die Soldaten wieder zum Toröffnen raus gingen und wieder zurück kamen. Gegen Ende meiner Pause nickte ich dann endlich ein, und wachte nur immer mal wieder kurz auf, als irgendwas lautes passierte, oder jemand anderes zum Schlafen rein kam. Als ich dann nach einer Stunde immer wieder unterbrochenen Schlafes wieder aufwachte, weil einer schnarchte, hatte ich die Schnauze voll, und bin wieder aufgestanden. Da ich noch nicht als Wachsoldat benötigt wurde, setzte ich mich noch mal vor den PC, und schaute mir einen Film an. Zwischendurch schreckte ich immer wieder durch Schreie hoch, die ein Kamerad im Schlaf von sich gab, der einige Probleme hat, auf die ich nicht weiter eingehen möchte.

So gegen 04:00 Uhr musste ich dann wieder ins Wachlokal vor, um den Wachhabenden am Tor zu unterstützen. Irgendwie war ich dann doch sehr müde, aber durch das regelmäßige Aufspringen, Zur-Waffe-Greifen, und an die Frische Luft stehen, blieb ich Wach. Was natürlich auch noch klar war, ich musste schon am Abend um 18:00 Uhr, und dann auch wieder am Morgen um 06:00 Uhr bei der „Flaggenparade" dabei sein. Ich musste mit einem Kameraden förmlich im Gleichschritt zum Fahnenmast marschieren, und unsere deutsche Flagge herabholen, bzw. hinauf lassen. Aber dann, nach 24 Stunden, um 08:00 Uhr kam endlich unsere Ablösung, und ich hatte meine erste Wache ohne Wachbelehrung (da ich ja zu spät kam) hinter mir. Wie gesagt, im Endeffekt war es nicht so wild, aber ich werde mich auch in meinem letzten Monat noch davor drücken, und lieber noch ein, zweimal *UvD* machen, da hab ich wenigstens meine Ruhe, und hab keine Vorgesetzten mit rum sitzen.

Donnerstag, 4. September (22:50)

Prima! Morgen ist Marsch angesagt, der letzte Marsch in meiner Wehrdienst-Zeit. Ich habe mir fest vorgenommen, noch mal einen mit zu laufen, und das wäre die Chance gewesen. Also habe ich gleich gesagt, ich möchte da mit laufen, so zum Abschluss noch mal. Nachdem mein *Teileinheitsführer* meinte, dass das nicht geht, weil zu wenig Leute im Büro sind, konnte ich ihn doch noch davon überzeugen, und er meinte, na gut, dann lauf mit, wenn du unbedingt willst. Ich habe mich schon gefreut und innerlich darauf vorbereitet, da kommt gestern plötzlich ein Anruf von *Oberfeldwebel* sowieso, der mich fragt, ob ich verrückt bin, weil ich noch mal mit marschieren möchte, obwohl ich schon zwei Märsche hinter mir habe. „Ich möchte halt gerne noch mal mit" sagte ich. „Nein, ich brauche sie als Streckenposten, Ihr *Teileinheitsführer* steht gerade neben mir, ich habe das mit ihm geklärt" sagt er. Prima, hätte ich nicht so darum gebettelt, mit marschieren zu dürfen, dann müsste ich jetzt wahrscheinlich auch keinen Streckenposten macht. Das hat man davon, dieser Verein kotzt mich mal wieder so an. Vor allem muss ich morgen schon um 05:45 in der Kaserne sein, und komme wahrscheinlich erst wieder raus, nachdem der allerletzte vom Marsch zurück ist. Prima!

Als Streckenposten werde ich wahrscheinlich irgendwo in der Pampa stehen und alle Soldaten, die vorbei kommen notieren, damit nachgeprüft werden kann, ob auch alle die richtige Strecke gelaufen sind. Ich freu mich!

Freitag, 5. September

Ich durfte / musst am schönen Hopfensee stehen, und dort Verpflegung ausgeben.

Dort gibt es einen Kiosk am See, an welchem alle Soldaten vorbei kamen. An dem Gebäude dieses Kiosks wurden ein Tisch und eine Bank aufgestellt, und Tee-Spender sowie gesalzte Gurken darauf platziert. Ich musst dann den ganzen Tag dort rum stehen, und sämtlichen Soldaten Tee ausschenken und Gurken anbieten.

Natürlich waren an diesem schönen Tag auch sehr viele Urlauber unterwegs, die das Ganze sehr interessant fanden, und mich in reichlich Gespräche verwickelten.

Alles in allem war es ein ganz amüsanter Tag.

Sonntag, 14. September (20:00)

Ich war die ganze letzte Woche in Stuttgart auf BFD, das war gar nicht schlecht. BFD steht für Berufs-Förderungs-Dienst. Da bietet die Bundeswehr verschiedene Kurse zur Weiterbildung an. Ich habe schon vor Monaten einige interessante Kurse gefunden, die nun alles nicht statt fanden, da sich zu wenig Teilnehmer angemeldet hatten. Nun habe ich vor kurzem mitbekommen, dass ein paar meiner Kameraden mit denen ich in der **AGA** war, auch auf einen BFD-Kurs wollten, allerdings war das ein EDV-Grundkurs, nicht gerade das richtige für mich, da ich bereits eine Ausbildung als Programmierer habe. Aber da sie noch einen Teilnehmer suchten, damit der Kurs stattfindet, und ich darin eine Möglichkeit sah, noch mal ne Woche weniger in Füssen Dienst leisten zu müssen, habe ich mich auch für diesen Kurs angemeldet. Dieser Kurs war nun letzte Woche, 40 Stunden, über 5 Tage verteilt. Ich bin Montag Morgen mit dem Auto los gefahren, und direkt zu diesem Kurs in Stuttgart (Weilimdorf) gefahren, und habe dann bis Freitag bei einem Kameraden, der selbst nicht an diesem Kurs teilgenommen hat, aber in der Nähe wohnt (25km entfernt in Stuttgart /

Weil der Stadt), und zur Zeit *KZH* ist, gewohnt. Das ganze war eigentlich ein ganz netter Urlaub in Stuttgart. Wir sind hin und wieder einen trinken gegangen, ich hab interessante Leute kennen gelernt, hatte interessante Gespräche, einfach ein bisschen Spaß außerhalb der Kaserne (und trotzdem irgendwie im Dienst). Der Kurs an sich war ziemlich langweilig, da ich ja schon alles wusste, aber irgendwie war das auch wieder ganz lustig, da ich machen konnte was ich wollte, und nicht aufpassen musste. Alles in allem eine interessante, lustige Woche.

Und jetzt geht es voll aufs Ende zu! Wahrscheinlich habe ich noch 10 Wochentage vor mir, dazu kommt noch ein *UvD* am kommenden Samstag. Ich rechne momentan damit, dass wir am Freitag den 26. Oktober ausscheiden werden, und die restlichen zwei Tage (Mo.+ Di.) Urlaub nehmen müssen oder so. Bis dahin werden wir immer mal wieder aus unserem normalen Dienst-Alltag rausgerissen werden, um irgendwelche Untersuchungen, Tests, u.s.w. zu machen. Also werden die restlichen zwei Wochen noch wie im Flug vergehen, und dann heißt es AUSSCHEIDER!

Irgendwie ist mir gar nicht so wohl bei dem Gedanken, in gut zwei Wochen wieder an meinem zivilen Arbeitsplatz zu sitzen, und wieder meinen ganz normalen Job zu machen. Das ist schwierig zu erklären, denn eigentlich bin ich ja schon froh, dass die Bundeswehr-Zeit vorbei ist. Aber irgendwie war es auch eine schöne Zeit. Das schlimmste war eigentlich der geringe Wehrsold, und natürlich gab es immer wieder Situationen, die mir gar nicht gefallen haben, aber alles in allem bin ich wirklich froh, mich für den Wehrdienst entschieden zu haben. Gerade wenn man mal ungewöhnliche Dinge gemacht hat, eben nicht blöd im Büro rum gesessen ist. Wenn man z.B. als Soldat mit der Zivilbevölkerung in Kontakt gekommen ist, weil man irgendetwas aufgebaut hat, oder an einer Zeremonie teilgenommen hat, und alle geschaut haben, was die Jungs im Kampfanzug da machen.

Es ist einfach ein Arbeitsfeld, bei dem man Sachen erleben kann, die man im zivilen Leben nie erleben wird. Ob das ein **BIWAK** ist, oder irgend ein Marsch, was auch immer, da rollt dann mal wieder ein Panzer durch, Hubschrauber kreisen über einem, man muss irgendwelche riesigen LKWs beladen, obwohl man eigentlich im Büro eingesetzt wird ...

Das ganze werde ich irgendwie vermissen, und habe momentan Angst, mich für die nächsten 50 Jahre in meinem Beruf zu langweilen. Das wird bestimmt nicht so kommen, aber da eben jetzt wieder so ein Sprung bevorsteht, mache ich mir diese Gedanken. Länger dabei bleiben möchte ich natürlich auch nicht. Denn bisher habe ich es dann doch irgendwo genossen, sagen zu können, dass ich ja nicht wirklich freiwillig hier bin, und ich konnte immer ein bisschen rum meckern. Das wäre dann auch nicht mehr so, wenn ich mich freiwillig verpflichten würde. Das einzige interessante wäre, wirklich eine Karriere bei der Bundeswehr anzustreben. Gleich für 12 Jahre unterschreiben, studieren, und eine Interessante Stelle besetzen, das könnte ich mir schon vorstellen. Pilot wäre z.B. ein Job, der mich hier durchaus reizen würde, und hier im Gegensatz zum zivilen Beruf leichter zu erreichen ist, zumindest finanziell. Aber dazu müsste ich mein Leben total ändern, müsste wirklich hoch motiviert für diesen Job leben, und das ist mir dann doch irgendwie zu viel. Aber was anderes kommt eben nicht für mich in Frage, und deshalb werde ich definitiv zum Ende des Monats AUSSCHEIDEN!

(Wenn eben auch *„irgendwie"* ungern.)

Jetzt wollen die mir noch einen Scheiß nach dem anderen rein drücken, in den letzen zwei Wochen. Heute musste ich schon Ordonanz spielen. Ich musste in meinen **kleinen Diener** schlüpfen und zusammen mit zwei anderen Kameraden 18 Offizieren das Mittagessen servieren. Wir mussten erst mal alles herrichten, die Tische decken und dann als alle da waren das Essen in einzelnen Gängen servieren. Im Endeffekt war's dann doch ganz lustig.

Nun soll ich aber am Montag auch noch nach Regensburg, zum „Großen Zapfenstreich". Dort wird nämlich unser Bataillon aufgelöst (Das Gebirgs-Logistik-Bataillon 8 wird neu strukturiert, bzw. aufgelöst, und die einzelnen Kompanien der Gebirgs-Brigade 23 unterstellt). Und da muss ich mit ein paar weiteren Kameraden mit fahren, und ´n bisschen stramm stehen u.s.w. Ich freu mich!

Wenigstens hatten wir diese Woche schon unsere Ausscheider-Untersuchungen. Am Montag hatten wir Hör- und Seh-Test, Urinprobe, und Blutdruck-Messen, am Dienstag noch mal ein letztes Gespräch mit dem Arzt, und heute wurden wir noch vom Zahnarzt untersucht. Also so langsam geht es dem Ende zu.

Gold-UvD

Heute habe ich mein „Gold-*UvD*". Sprich, ich mache das letzte mal *UvD*. Ja, es wird immer weniger. Wenn's gut läuft, dann mache ich jetzt noch diese 24 Stunden *UvD*, und dann habe ich noch 5 Tage Dienst. Das ist nicht mehr viel, allerdings wird sich der kommende Montag dafür noch in die Länge ziehen, da ich jetzt nämlich definitiv mit zum „Großen Zapfenstreich" nach Regensburg fahre.

Momentan sitze ich im *UvD*-Raum der 1./8 und tippe die letzten Einträge dieses Tagebuches in ein Laptop, da ich die Einträge bisher nur auf Papier hatte. Nebenher läuft der Film „Yellow Submarine" von den Beatles auf meinem Videorekorder. Richtig, *UvD* ist ein recht langweiliger Job, aber ich komme ganz gut klar damit. Hier kann ich wenigstens tun was ich will, und hab dabei meine Ruhe. Kein Vorgesetzter hier, der auf mich aufpasst. Das einzige was ich zu tun habe, sind ein paar Rundgänge, wovon ich einen bereits gemacht habe, und noch sieben vor mir habe. Irgendwann wird noch mal der OvWa (*Offizier* von der Wache) und der FvW (*Feldwebel* von der Woche) hier vorbei schauen, um mich zu kontrollieren, und das war's dann auch schon wieder. In der restlichen Zeit, habe ich vor, ein bisschen für die Firma, in der ich normalerweise arbeite, zu Arbeiten (das darf ich offiziell, da ich die Erlaubnis für eine Nebentätigkeit habe), und mir ein paar Filme rein zu ziehen.

We all live in a yellow submarine ...

Das ist heute wirklich ein lockerer Dienst. So find ich das ne coole Sache, lässig mit Uniform rum hängen und so, das gefällt mir. (Die Uniform wird mir demnächst bestimmt fehlen.) Der FvW (**_Feldwebel_** von Dienst bzw. von der Woche) war gleich nach dem Mittagessen hier, und der OvWa (**_Offizier_** von der Wache) schaute im Laufe des Nachmittags vorbei. In der Zwischenzeit hab ich mir noch die Filme „Murder in the Fist" und „Schnappt Shorty" (letzterer ist übrigens ein spitzen Film) rein gezogen. Ach ja, und so um 18:00 Uhr rum war ich mal für ne Stunde beim Grillen. Ja, der **_UvD_** von der 2./8, zwei Blocks weiter hat mich zum Grillen eingeladen, und da sag ich nicht nein. So um 20:00 Uhr haben mir die Jungs von der Wache dann noch ne kleine Pizza mit bestellt, und jetzt bin ich total voll gefressen, und werde so langsam müde. Gearbeitet hab ich natürlich bisher noch nicht, aber ich hab ja noch acht Stunden. Zwischendurch habe ich natürlich auch noch meine Rundgänge gemacht, wobei ich meinen einzigen großen Rundgang mit dem Auto (Privat-PKW) gemacht habe, da er sich über die ganze Kaserne erstreckt hat. Dabei ist mir aufgefallen, dass eine Halle nicht abgesperrt war und woanders noch Licht gebrannt hat. Ich hab das natürlich gleich weiter gemeldet, denn man weiß ja nie, ob das nicht bloß ein Test war. Außerdem ist mir bei meinen kleinen Rundgängen, d.h. bei denen in dem Gebäude, in dem ich sitze, aufgefallen, dass ständig das Bild von unserem Kommandeur auf dem Kopf hing. Da will mich wohl jemand ärgern. Und wenn wer ein Spielchen spielen will, dann bin ich da natürlich dabei. Jetzt hab ich erst mal Schuhcreme auf die untere Kante des Bilderrahmens geschmiert, da macht sich der Kerl beim nächsten Zug in jedem Fall die Finger schmutzig. Das Problem an der Sache ist allerdings, dass die weiße Unterlage unter dem Glas des Bilderrahmens auf der das Bild unseres Kommandeurs klebt, die Schuhcreme aufgesaugt hat, und nun am unteren Rand hässlich schwarz geworden ist. Da muss ich mir noch was einfallen lassen, denn da wird man am Montag nicht sehr begeistert sein, wenn man es entdeckt. Jetzt steht erst mal der nächste Rundgang auf dem Plan, mal sehen, was der Kommandeur macht, bzw. sein Bild.

Sonntag, (01:56)

Na prima, nachdem ich versucht habe, zu schlafen, das aber leider nicht klappt, habe ich mich nun dazu entschieden, endlich etwas zu arbeiten. Leider musste ich nun feststellen, dass ich bestimmte Dateien auf meinem Rechner zu Hause vergessen habe, und ich das ganze nun eigentlich erst mal vergessen kann.
Mit Schlafen wird es irgendwie auch nichts, dafür gibt es mehrere Gründe:

1. habe ich im Laufe des Tages einen Liter Energy-Drink getrunken;
2. juckt es mich überall, seit ich mich kurz ins Bett gelegt habe, es ist ein Gefühl, als wäre der Raum hier voller Ameisen;
3. grölen draußen ständig irgendwelche besoffenen Disco-Besucher rum;

Dann zieh ich mir einfach noch mal irgend nen Film rein, bis ich von selbst dabei einschlafe, denn dazu zwingen kann ich mich momentan einfach nicht. Aber sobald ich eingeschlafen bin, klingelt mich bestimmt sofort wieder einer raus, es sind nämlich noch mindestens zwei Soldaten aus diesem Gebäude unterwegs.

Sonntag, (02:40)

Ich genieße es immer wieder, Nachts in totaler Dunkelheit Rundgänge durchs Kompanie-Gebäude zu machen. Das eben war wahrscheinlich mein letzter, und ich habe ihn noch mal so richtig genossen. Ein Rundgang steht zwar noch auf dem Plan, da wird es aber schon wieder hell sein.

Sonntag, (06:46)

Eine Stunde hab ich jetzt insgesamt geschlafen, aber nicht zusammenhängend. Und ich fühl mich, als hätte ich in einem Ameisenhaufen geschlafen. Jetzt wird's Zeit dass ich nach Hause unter die Dusche komme.

Die Sache mit dem Bild vom Kommandeur ist total außer Kontrolle geraten, ziemlich dumm gelaufen! Nachdem niemand in meine Falle getappt ist, wollte ich vorhin die Schuhcreme wieder abwischen, und das mit dem angeschwärzten Papier wieder in Ordnung bringen. Leider ist mir das Bild hier im *UvD*-Zimmer runter gefallen, und das Glas in tausend Scherben zersplittert. Ziemlich Scheiße muss ich sagen, da muss ich mir noch was einfallen lassen. (So was passiert einem halt, wenn man nicht genug schläft ☺)

Montag, 22. September (23:55, Zuhause)

Mein persönlicher Zapfenstreich

Ich bin enttäuscht!
Wir mussten heute morgen den **_großen Diener_** anziehen, und uns damit bei unserem Kopanie-Trupp-Führer zeigen. Dieser Oberfeldwebel begutachtete uns, und hatte ständig was auszusetzen, bis er dann doch irgendwann zufrieden mit uns war, und wir unsere Kompanie beim Zapfenstreich in Regensburg vertreten konnten. Drei andere Kameraden und ich trafen uns dann so gegen halb neun mit Soldaten der anderen Einheiten unserer Kaserne, um mit dem Bus nach Regensburg zu fahren. 4,5 Stunden in diesem engen, unbequemen Bundeswehr-Bus. Endlich in der Regensburger Kaserne angekommen, mussten wir dort zwei Stunden in einer Garage darauf warten, um dann um 15:00 Uhr eine Art Generalprobe durchzuführen. Wir durften dazu die Ski-Bluse ausgezogen lassen, da es sehr heiß war. Wir marschierten auf eine freie Wiese ein, und positionierten uns dort. Nun mussten wir 45 Minuten abwechselnd im **_„Still-Gestanden"_** und **_„Rührt-Euch"_** stehen, während irgend so ein Vogel die ganze Zeremonie durch sprach. Anschließend marschierten wir wieder ab, und warteten wieder über eine Stunde, um dann um 17:10 Uhr am Zapfenstreich teil zu nehmen. Diesmal standen wir 1,5 Stunden, das ging ganz schön in die Beine. Als wir dann endlich wieder abmarschierten, steuerten wir gleich direkt auf unseren Bus zu, und fuhren fünf Minuten später auch schon los. Kein festlicher Akt, gar nichts. Wir haben erwartet, dass das ganze etwas festlicher abläuft, dass es was zu Essen, und vielleicht zum Schluss noch `n Bierchen gibt ... Außerdem hieß es, dass der Zapfenstreich um 21:00 Uhr ist, und ich ging davon aus, dass wir daran mit Fackeln teilnehmen oder so, und das hab ich mir ganz toll vorgestellt, aber diesen Großen Zapfenstreich durften wir uns nicht mal mehr ansehen. Anstatt dessen fuhren wir sofort wieder Heim, für diesen Heimweg brauchten wir allerdings 5,5 Stunden, da

ein Hauptmann auf die Idee kam, über einen anderen Weg zurück zu fahren. Das war echt ein Reinfall, aber was will man machen?

Ich hab das ganze als meinen persönlichen Zapfenstreich gesehen, denn ich hatte ja auch genug Zeit, über meine gesamte Bundeswehr-Zeit nachzudenken, während ich da so Stillgestanden bin.

AUSSCHEIDER!!!

Dienstag, 23. September (19:12, Zuhause)

So, jetzt sitz ich nur noch in meinen Boxershorts da.
Ja, ich hatte heute meinen Bekleidungs-Appell (Überprüfung der Ausrüstung auf Vollzähligkeit), und habe anschließend meine gesamte Ausrüstung verpackt, um diese morgen in Kaufbeuren in der Bekleidungskammer abzugeben. Und den Kampfanzug, den ich heute noch getragen habe, habe ich eben das letzte mal ausgezogen.
Irgendwie tat es mir schon leid, denn ich habe diese Uniform tatsächlich gern getragen. Und jetzt, wo alles zu Ende geht, ist das ein komisches Gefühl, ich bin noch gar nicht bereit für die Zivilisation. Na ja, aber im Endeffekt bin ich froh, wieder raus zu kommen.
Ich hab auch ein paar Erinnerungsstücke bei mir behalten. Einen Kampfanzug mit Mütze, sowie unsere graue Bergmütze und einen kleinen Kocher habe ich mitgehen lassen. Ich musste lediglich eine Verlustmeldung dafür schreiben, und werde das ganze jetzt wahrscheinlich noch bezahlen müssen. Aber das ist alles nicht so teuer, da es ja gebraucht ist.

Freitag, 26. September (05:55)

AUSSCHEIDER!!!
Der letzte Tag steht vor der Tür. Ich fühle mich schon ziemlich frei. Am Mittwoch Abend waren wir seit langem mal wieder richtig beim Saufen. Was ja auch die Pflicht eines richtigen Ausscheiders ist. Dabei hab ich natürlich schon mein Ausscheider-Capi verloren. Mein Ausscheider-T-Shirt hab ich Gott sie dank noch. Dafür ging's mir aber gestern den ganzen Tag so was von beschissen, das hab ich schon seit Jahren nicht mehr erlebt. Ich bin so um 05:00 Uhr aus der Disco zurück gekommen, und um 07:00 Uhr beim ***Antreten*** war ich alles andere als nüchtern, was das ganze aber recht witzig

machte. Ich habe den Hauptfeldwebel, der das **Antreten** durchgezogen hat, ein paar mal blöd angelabert, was ihm gar nicht gefiel, aber was soll's. AUSSCHEIDER!!! Mal sehen was heute noch so geht, auf dem Plan steht erst mal Oktoberfest in München. Da bin ich ja gespannt. Ich wünsche mir viel Spaß! AUSSCHEIDER!!!

Sonntag, 28. September (22:37)

AUS IS!
Ja es ist vorbei, das war's. Mit einem großen Knall haben wir das ganze beendet.
Am Freitag hatte ich aber noch mal richtig Stress im Büro. Eigentlich stand für die Ausscheider restliche Sachen abgeben, Ausscheidergeld empfangen, rum hängen und hauptsächlich Stuben- und Revier-Reinigen auf dem Plan. Da in meiner **Teileinheit** allerdings sonst kein Mannschafts-Soldat da war, musste bzw. durfte ich ins Büro. Dort hatte ich zwar noch nen ziemlichen Stress, musste dafür aber nichts putzen. Ich habe nach dem **Antreten** nur kurz meinen Spind lehr geräumt, meine Bettwäsche abgegeben, und bin dann in den Stab ins Büro. Mit dem Oberfeldwebel von der Kompanie-Trupp-Führung habe ich ausgemacht, um 11:00 Uhr vorbei zu kommen, damit er sich meinen Spind ansehen kann. Vorher bin ich zwischendurch noch schnell zum Rechnungsführer, um den Teil vom Ausscheidergeld abzuholen, den wir bar ausbezahlt bekamen. Das waren 150 Euro abzüglich des Geldes, das ich für die „verlorenen" Ausrüstungsgegenstände bezahlen musste. Das waren knapp 30 Euro.
Als ich dann gegen 11:00 Uhr los wollte, dauerte es aber erst noch ne Weile, bis ich mich von allen verabschiedet hatte. Ich wurde noch mit Lobes-Worten bombardiert. Ja wirklich, sogar der Kommandeur persönlich hatte lobende Worte für mich übrig, sowie viele andere Vorgesetzten, was mich natürlich sehr freute. Dann kam ich mit Verspätung endlich im Kompaniegebäude an, und ließ den Oberfeld meine Stube

begutachten. Als er mit der Hand über meinen Spind fuhr, war diese total schwarz, und er frage mich, was er dazu noch sagen solle. Ich antwortete, mit einem „na ich hatte doch keine Zeit hier zu putzen, ich war doch bis zur letzten Minute am Arbeiten", und er meinte nur „ja ich weiß doch, aber ich kann mich ja auf sie verlassen. Also wischen sie noch mal kurz drüber und dann passt das." Diese Aussage hat mich sehr verwundert, denn er war die letzten Tage eigentlich nur damit beschäftigt, die anderen Ausscheider noch mal richtig rum zu hetzen und wegen jeder Kleinigkeit zu schimpfen. Aber es bringt halt doch was, fleißig zu sein, und sich zu arrangieren (oder zumindest so zu tun :-) nein Blödsinn, ich habe mich wirklich eingesetzt, zumindest für meine Teileinheit.

Um 11:40 Uhr war dann noch mal *Antreten* im Hof. Wir Ausscheider mussten irgendwann zum Oberleutnant vortreten, damit er sich noch mal bei uns bedanken, und uns eine Urkunde übergeben konnte. Währendessen klingelte auf einmal bei meinem Nebenmann „Schaf" das Handy. Das war ihm total peinlich, doch ich lachte ihn nur aus. Ungefähr 1 Minute später ertönte natürlich auch aus meiner Hosentasche eine laute Melodie, alles in allem also ein guter Abgang. Nach dem *Antreten* verabschiedeten wir uns noch von den anderen Soldaten, und ließen diese auf unseren Ausscheider-Pullis unterschreiben. Besser gesagt, die anderen ließen auf ihren Pullis unterschreiben, denn da ich ein schwarzes Ausscheider-T-Shirt hatte, konnte darauf natürlich keiner unterschreiben, und so ließ ich kurzerhand auf meinem Körper, das heißt, auf meinen Armen, der Brust und dem Bauch, unterschreiben.

Um 12:00 Uhr verließen wir dann die Kaserne, kauften uns einen Kasten Bier und sammelten uns im Mc Donnalds. Dort mussten wir feststellen, dass wir lediglich zu viert waren (Schwarz, Schaf, Homer und ich), die ihre Ausscheider-Tour in München beginnen wollten. Natürlich ließen wir uns nicht davon beirren, und fuhren mit dem Zug dort hin. Nach einer zweistündigen Zugfahrt und einem Kasten Bier verbrachten wir erst mal eine halbe Ewigkeit auf dem Münchner Bahnhof. Als wir endlich alle was gegessen hatten, unsere Rucksäcke im

Schließfach verstaut hatten, und unseren leeren Bierkasten angebracht hatten, fuhren wir mit der U-Bahn Richtung Oktoberfest. Dort bewiesen wir erst mal am Schießstand, dass wir bei der Bundeswehr was gelernt hatten, und suchten dann ein Zelt, in dem wir was zu trinken bekommen könnten. Leider ohne Erfolg. Nach Stundenlangem umherirren, mussten wir feststellen, dass es ohne Platzreservierung unmöglich ist, auf der Wiesn ein Bier zu bekommen. Ziemlich enttäuscht zogen wir vom Festplatz ab und suchten uns ein paar Blocks weiter eine Wirtschaft, um endlich zu unserer Maß zu kommen. So um 20:00 Uhr wechselten wir dann in ein Pub, um dort ein paar Cocktails zu uns zu nehmen, und uns auf den geplanten Disco-Besuch vorzubereiten. Irgendwann ergab es sich in diesem Pub, dass sich zwei Irinen mit an unseren Tisch setzten. Diese konnten natürlich kein Deutsch, aber das machte das ganze recht witzig. Um kurz nach 23:00 Uhr mussten wir uns dann verabschieden, da wir noch eine der letzten U-Bahnen zur „Kultfabrik" (Fabrikgelände mit haufenweise Discos) erreichen wollten. Mittlerweile sah ich aus wie eine Werbetafel. Von oben bis unten voll geschmiert. Unter anderem hatte ich sogar eine riesige Zeichnung auf dem Bauch, und so langsam ging mir der Platz aus.

Gegen 24:00 Uhr kamen wir dann schon sehr gut angetrunken auf diesem Fabrikgelände an. Dort marschierten wir geradewegs in einen Laden, den ich schon ganz gut kannte, und der mir sehr gut gefiel. Da die anderen drei Kameraden das erste mal in München waren, folgten sie mir ohne Wiederworte. Nach etlichen Cocktails verloren wir uns dort so langsam. Schwarz setzt sich, nachdem er eine Zeit lang auf der Tanzfläche voll abging, auf ein Sofa und schlief dort sofort ein. Homer verzog sich an eine andere Bar, und unterhielt sich mit irgendwelchen fremden auf Englisch und tat so als könne er kein Deutsch (er war wohl noch auf nem Englisch-Trip wegen den Irinen), und Schaf hielt am längsten die Stellung bei mir an der Bar. Ich bekam hier endlich mal was spendiert, was man als Ausscheider eigentlich von den Kneipen-

Besitzern erwarten dürfte. Als Schaf irgendwann neben Schwarz saß und ebenfalls pennte, ging es bei mir auch dem Ende zu, und ich veranlasste den Rückzug. Schätzungsweise war es so gegen 05:00 Uhr, als wir uns noch an ner Imbissbude die Mägen voll hauten. Nach ner Currywurst und nem Döner steuerten wir dann Richtung Bahnhof, um die Heimreise an zu treten. Eigentlich war geplant, dass ich gleich mit den anderen mit nach Stuttgart fahre, um dort am folgenden Abend auf den Wasen zu gehen, doch mir ging es irgendwie nicht so gut, und ich hatte auch kein Geld mehr bei mir, und so entschied ich mich dazu, wieder Richtung Füssen zu fahren. Nachdem ich zu Hause einige Stunden geschlafen hatte, rief mich Kamerad Sahne an, dass er nach Stuttgart auf den Wasen fährt, ob ich mit will. Nach längerem Überlegen stimmte ich zu, und saß kurze Zeit später in seinem Auto Richtung Stuttgart. Dort gefiel es uns allerdings nicht so gut, da die anderen Ausscheider, diesmal waren es mehr als vier, schon alle total besoffen, und wir ziemlich fertig von der Nacht zuvor waren. Nach ungefähr zwei Stunden verließen wir (Sahne, Abu und ich) dann das Festzelt, um uns von Abu noch ein bisschen was anderes von Stuttgart zeigen zu lassen. Er kutschierte uns mit seinem 320 PS starken Mercedes von einem Ort zum anderen. Pub, Essen, Disco, Essen, ...

So um 04:00 Uhr (mittlerweile schon Sonntag) traten wir dann wieder die Heimreise nach Bayern an. Um 06:30 Uhr wider zu Hause angekommen, war ich ziemlich kaputt, und schlief den ganzen Tag. Jetzt muss ich mich erst mal noch ne Woche ruhig verhalten, um mich zu regenerieren, bevor ich dann wieder zum Arbeiten anfangen werde.

Ich bin ja mal gespannt, wie oft ich die Jungs von der Bundeswehr noch sehen werde. Zu meinem Bedauern vermute ich mal nicht mehr all zu oft. Ich habe vor, am Mittwoch noch mal nach Stuttgart hoch zu fahren, die wollen irgendwann auch noch mal nach München kommen, und dann wird's das auch schon so ziemlich gewesen sein. Vielleicht besucht mich der ein oder andere auch noch, mal sehen. Am wahrscheinlichsten sehe ich Sahne noch `n paar mal, da der ja auch aus der Gegend hier kommt. Schade, schade, aber was will man machen, die Entfernungen sind einfach zu Groß, um auf lange Zeit Kontakt zu halten.

- Abschluss-Plädoyer -

Das war's ...

Ich habe Geschichte geschrieben, wenn auch nur für mich persönlich. Ja, das war ein sehr interessanter Teil meines Lebens. Ich würde das ganze nicht noch mal von vorne durchmachen wollen, aber ich bin froh, dass ich mich für die Bundeswehr entschieden habe. Ich denke schon, dass sie mich auf eine bestimmte Art geprägt hat. Abgesehen vom Militärischen waren allein schon die verschiedenen Menschen-Typen, die ich kennen lernen durfte wahnsinnig interessant, ob das nun totale Vollidioten waren, oder richtig coole Leute, hochrangige Vorgesetzte, oder gleichrangige Kameraden.

Auch wenn ich beruflich nichts davon hatte, und auch finanziell ziemlich zurückstecken musste, war es eine kostbare Zeit. Ich sehe auch viele Dinge mittlerweile anders als früher. Vor allem in der Grundausbildung bin ich hin und wieder bis an meine Grenzen getrieben worden, diese hätte ich sonst wahrscheinlich gar nie kennen gelernt, bzw. ganz wo anders vermutet. Ich weiß nun z.B., dass noch lange nicht Schluss ist, wenn es einem der Körper sagt, sondern dass man in diesem Moment sogar noch sehr viel Reserve hat. Die Bundeswehr war also sowohl aus psychischer, aber auch aus physischer Sicht interessant und kostbar. Und die Zeit und das Geld war es auf jeden Fall wert.

Obwohl ich vor allem in den letzten Wochen stark darüber nachdachte, ob ich mich nicht doch verpflichten lassen sollte, haben ich mehr Nach- als Vorteile gesehen, und mich deshalb gegen eine Karriere bei der Bundeswehr entschieden. Neben dem Umgang mit den Menschen, waren es auch Situationen, in die ich im zivilen Leben nie geraten werde, die mir bei der Bundeswehr sehr gut gefallen haben. In meinem zivilen Leben werde ich wahrscheinlich nie mit einer scharfen Waffe hantieren, werde nie mehr irgendwo stramm stehend meine Zehenspitzen im Takt der Deutschlandhymne bewegen, während diese von einem Musik-Corps neben mir gespielt wird, ich werde nicht irgendwo als Beifahrer mit einem LKW durchs Gelände heizen, ständig Hubschrauber neben mir landen, oder Panzer an mir vorbei fahren sehen.

Aber es sind eben solche Nachteile, wie z.B. die hierarchische Struktur, die bei der Bundeswehr zwar sein muss, aber von vielen Menschen eben falsch angewendet wird, oder die Tatsache, dass mir immer was befohlen werden kann, und ich im Endeffekt dazu gezwungen bin nicht zu wiedersprechen, die mich von einer Weiterverpflichtung abgehalten haben.

Außerdem war es auch bisher in meiner Wehrdienstzeit so, dass ich ja mehr oder weniger gezwungenermaßen dabei war, und deshalb auch immer ein bisschen rum meckern konnte, was ich natürlich nicht mehr machen kann, wenn ich freiwillig länger bleibe.

Alles in allem rate ich allen, die noch vor der Entscheidung stehen, Bundeswehr oder Ersatzdienst, sich für ersteres zu entscheiden, falls sie was erleben wollen. Dennoch bin ich kein Gegner von Sozialdienst, denn ich denke auch der ist nicht ohne, doch für mich wäre dieser überhaupt nichts gewesen. Eigentlich kommt es immer auf die betroffene Person an, wenn sie besonders sozial eingestellt ist, und z.B. gerne alten Menschen hilft, bzw. diese pflegt, ist der Sozialdienst wahrscheinlich der besser bzw. nützlichere Weg, aber man sollt sich nicht für ihn entscheiden, nur weil man sich von der Bundeswehr drücken möchte, oder nicht weiß was man machen soll, denn dann verpasst man auf alle Fälle was.

Ich habe auch Leute kennen gelernt, die von der Bundeswehr an sich sehr enttäuscht sind, vom ganzen System u.s.w., aber dennoch die Zeit drum herum genießen konnten. Man muss also kein überzeugter Patriot sein, um gefallen an der Bundeswehr oder besser gesagt an der Wehrdienst-Zeit zu finden.

Ich als alter Hobby-Psychologe würde das ganze als einen zwar sehr teuren, aber dennoch rentablen Abenteuer Urlaub mit vielen Höhen und Tiefen bezeichnen. Es ist eben nicht nur das „durch den Dreck robben", was man für weniger

Geld auch bei bekannten Zigarettenherstellern haben kann, sonder auch der Psycho-Teil, der das Paket komplett macht.

Melde mich ab!

- Sonstige Geschichten -

Warum ich mein Diszi (Disziplinar-Strafe) bekam

Nach dem wir uns in unserer zweiten Woche Mittwochs in der nahe liegenden Disko „ein paar" Drinks gegönnt haben, gab es noch während des Disko-Aufenthalts Probleme mit einem Kameraden aus meiner Stube. Er verträgt scheinbar den Alkohol nicht besonders gut, und ist deshalb plötzlich mehr oder weniger grundlos ausgerastet. Er hatte wohl schon seit einiger Zeit ein Auge auf ein Mädchen am Nachbartisch geworfen, und als plötzlich ein anderer Kamerad mit dieser rum flirtete, brannten bei ihm die Sicherungen durch.

Er rastete völlig aus. Einige Leute drohten uns sogar damit, die Feldjäger zu rufen. Irgendwie schafften wir es unter diesen Drohungen, und mit dem Wissen, dass gleich Zapfenstreich ist, den Kameraden aus der Disko zu locken. Wir versuchten weiterhin, ihn zu beruhigen, und pünktlich auf der Stube zu sein.

Leider merkten wir irgendwann, dass dies unmöglich ist. Und so rannte ich voraus, um die Lage in der Kaserne soweit klar zu machen. Denn man wusste ja nicht, was da noch passiert, wenn der Kamerad herein kommt.

Ich rannte was meine Lunge her gab, und kam trotzdem zu spät. Ein paar Minuten nach offizieller Zapfenstreich-Zeit (23:00 Uhr) rannte ich die Treppen hoch und hatte das Gefühl, dass es noch gut geht, da alle sehr ruhig war. Und meist beginnen die Ausbilder Ihren Rundgang nicht all zu pünktlich. Tja, getäuscht, als ich in den Gang unserer Stube abbog, stolperte ich fast über einen unserer Ausbilder. Er lehnte da in Warteposition an der Wand und hielt mich auf. Er wollte alles genau wissen, wo ist der Rest, wer ist das alles, etc. Dann schickte er mich auf die Stube. Kurze Zeit später kamen die anderen beiden Kameraden herein und hatten irgendwie den Ausbilder im Schlepptau. Der musste sich noch ewig mit dem ausgerasteten Kameraden rum streiten, bis dieser endlich ruhig in sein Bett lag. Der Ausbilder drohte uns noch mit Arrest.

Uns war klar, dass dies Konsequenzen haben wird.

Und so war es auch. Als wir am nächsten Tag draußen beim Schießen waren, wurden plötzlich unsere Namen ausgerufen. Wir wurden in einem Geländewagen in die Kaserne gefahren, wo uns der Kompanie-Chef erwartete. Hier wurden wir einzeln von ihm vernommen.

Natürlich untertrieb ich bei meiner Aussage enorm. „Wenig Alkohol", „wenig Probleme in der Disko", „der Kamerad ist sonst nicht so", „war eine Ausnahme", ...

Konsequenz des Ganzen war eine Disziplinar-Strafe welche uns dazu verdonnerte, jeden Tag ab 20:00 Uhr in der Kaserne anwesend zu sein. Wir durfte diese Abends also nicht mehr verlassen. Anstatt dessen mussten wir uns bis zum Zapfenstreich stündlich eine Unterschrift beim **UvD** holen.

Na ja, was soll's. Man muss hier eben etwas riskieren, wenn man Spaß haben will.

- Nachtrag -

Nun sind über vier Jahre vergangen, und ich entschließe mich endlich dazu, dieses Tagebuch in Form eines Buches zu veröffentliche.

Ja, nach ein paar Jahren sieht man das alles mit anderen Augen. Jetzt denke ich mir, würde ich mir das alles nicht mehr so gefallen lassen. Das mag zum einen am Alter liegen, mit Sicherheit hat es aber auch was mit dem gewonnen Abstand zu tun. Wenn man mittendrin ist und das gerade alles live erlebt und „manipuliert" wird, ist es eben doch was anderes.

Nach wie vor bin ich froh, dabei gewesen zu sein, und das alles erlebt zu haben.

Mit ein paar Jungs treffe ich mich sogar noch ca. einmal pro Jahr.

Ich hoffe ich konnte euch als Durchschnitts-Wehrdienstleistender mit diesem Buch einen kleinen Einblick in die Wehrdienstzeit geben.

Vielen Dank für euer Interesse!

Michael Weber

Hier ein kleiner Überblick über die Abkürzungen
der (in diesem Buch verwendeten) Dienstgrade

G	=	Gefreiter
OG	=	Obergefreiter
HG	=	Hauptgefreiter
SG	=	Stabsgefreiter
OSG	=	Oberstabsgefreiter
U	=	Unteroffizier (Uffz)
SU	=	Stabsunteroffizier (StUffz)
Fw	=	Feldwebel
Ofw	=	Oberfeldwebel
HFw	=	Hauptfeldwebel
SFw	=	Stabsfeldwebel
OSFw	=	Oberstabsfeldwebel
Lt	=	Leutnant
Olt	=	Oberleutnant
Hptm	=	Hauptmann
SHptm	=	Stabs-Hauptmann
Maj	=	Major
Otl	=	Oberstleutnant
Oberst	=	Oberst

Alpha

ABC	Atomar, Biologisch, Chemisch (würden wir z.B. mit Chemischen Waffen angegriffen werden, dann würde *ABC-Alarm* herrschen, und die betroffenen Soldaten müssten unter anderem Ihre *ABC-Maske* <umgangssprachlich: Gas-Maske> aufsetzen und Ihre Ponchos anziehen ...)
ABC-Alarm	siehe *ABC*
ABC-Maske	siehe *ABC*
AGA	Allgemeine GrundAusbildung
Alarm-Stuhl	Komplette Ausrüstung für den Ernstfall griffbereit auf dem Stuhl liegend
Antreten	Alle Soldaten stellen sich geordnet auf, um z.B. Befehle vom Chef entgegen nehmen zu können, damit die Vollzähligkeit kontrolliert werden kann, u.s.w.

Bravo

BigPot	Ess-Geschirr fürs Feld (besteht aus drei handlichen Blechtöpfen die ineinander gesteckt werden können)
BIWAK	Zeltlager für Fortgeschrittene (Aufenthalt im Freien, über mehrere Tage und Nächte, meist in Zelten, verbunden mit irgendwelchen Übungen im Dreck)

Charlie

Delta

Diener
Das ist die chice Uniform, im Volksmund auch Ausgeh-Uniform genannt. (siehe auch „großer *Diener*" und „kleiner *Diener*")

Diszi =
Disziplinarstrafe
bekommt man vom Disziplinarvorgesetzten wenn man etwas „schlimmeres" angestellt hat

Echo

EPA
Einmann-Packung. Ein Paket voller Lebensmittel (Kekse, Schokolade, Brot, Brotaufstrich, Speisen zum erwärmen wie z.B. Hamburger, Nudeln, Hackfleisch ...) alles eingeschweißt, und mehrere Jahre haltbar. Alles natürlich sehr köstlich!

Foxtrott

Feuerstoß
Wird z.B. am G3 der Hebel auf Feuerstoß gestellt, dann schießt das Gewehr mehrere Geschosse hintereinander, solange man auf dem Abzug bleibt.

Formaldienst
hier wird geübt, ordentlich zu marschieren, also im Gleichschritt ...

Golf

G3
Gewehr vom Typ G3

G36
Gewehr vom Typ G36

Geländetag
Wenn Geländetag auf dem Dienstplan steht, heißt das, dass man ins Gelände geht, um dort im Dreck ein bisschen Krieg zu spielen.

Gelöbnis
Hier gelobt der Soldat, dass er dem

	Vaterland dienen wird... Meist eine öffentliche Veranstaltung zu der auch die Angehörigen der Soldaten eingeladen sind. Hier wird vor allem viel gestanden.
GEZI	Geschäfts-Zimmer (eine Art Verwaltungsbüro)
Gleiten	Oder auch robben. Hierbei wird tief am Boden gekrochen. Beim Gleiten gibt es drei Stufen, Stufe1= auf den Knien und Händen, Stufe2= auf den Knien und Ellenbogen, Stufe3=total am Boden, ohne Luft zwischen Körper und Boden, sozusagen eine Furche ziehen (mit was auch immer)
Großer Diener	Siehe auch *„Diener".* Der *Große Diener* bestand bei uns aus Bergstiefeln, Keilerhose, Hemd, Krawatte, SkiBluse, *Koppel* und Bergmütze
Gute-Nacht-Bierchen	Es tut nach einem typischen *AGA*-Tag wahnsinnig gut und hilft dem Soldaten, gut einzuschlafen
GvD	Gefreiter vom Dienst (Gefreiter mit besonderen Aufgaben)

Hotel

India

Innendienst	Wer von einem Arzt *„Innendienst"* befohlen bekommt, muss nicht mit ins Gelände, darf also im Gebäude bleiben.

Joliett

Kilo

kleiner Diener

Siehe auch **„Diener"**. Er besteht aus Halbschuhen, Stoffhose, Gürtel und kurzärmligem Hemd

Koppel

Es gibt einmal die **Koppel** fürs Gelände, an welcher der Soldat alles mögliche praktisch und immer griffbereit befestigen kann (standardmäßig Klappspaten, Magazine, Trinkflasche).

Dann gibt es noch die **Koppel** am **Diener**, das ist einfach ein großer Gürtel mit unserem Adler auf der großen Gürtelschnalle.

„Krank auf Stube"

Man darf auf der Stube im Bett bleiben, um wieder gesund zu werden.

KZH

Krank Zu Hause (man darf zu Hause bleiben, um wieder gesund zu werden)

Lima

Liegenschaft

So was wie eine Unterkunft

Mike

Manöver-Munition

Munition, die im Manöver verwendet wird, (nicht scharf), damit wird auf größere Entfernung niemand verletzt.

MG

Maschinengewehr

November

Neukrank   An dem Tag, an dem sich ein Soldat krank meldet (ohne bereits krankgeschrieben zu sein), ist er **neukrank**

Oscar

Offizier   siehe Dienstgrade

Papa

P1   Pistole vom Typ **P1**

Quebec

Romeo

Revier   Der Bereich, den eine Stube sauber zu halten hat

Revier-Reinigen   Zeitraum, in dem jede Stube ihr **Revier** reinigt

„Rührteuch"   Eine Art für einen Soldaten zu stehen. Hier darf der Soldat die Hände hinter dem Rücken halten, und allgemein etwas lockerer da stehen, im Gegensatz zum **„Stillgestanden"**

Sierra

SAN(-Bereich)   Sanitäts-Bereich (Hier ist der Arzt u.s.w. zu finden)

Sanis   Sanitäter

Selbststudium   Wird in der **AGA** manchmal befohlen, wenn die Ausbilder nicht wissen was sie mit einem machen sollen. Hier können die Soldaten den Schulstoff lernen ...

Stammeinheit
Die Einheit, zu der ein Soldat offiziell gehört (sobald er die Grundausbildung hinter sich hat)

Stamm(-Mannschaf)
Das sind die Mannschafts-Soldaten (Gefreite, HG, ...), die nicht mehr in der **Grundausbildung**, aber trotzdem in der Ausbildungseinheit sind.

Stellung
Ein Loch, in dem sich ein oder mehrere Soldaten vor dem Feind verstecken bzw. schützen können.

Stillgestanden
Eine Art für einen Soldaten zu stehen. Hier muss der Soldat stramm da stehen, ohne sich irgendwie zu bewegen. Die Arme leicht angewinkelt muss er die geballten Fäuste auf Hüft-Höhe halten.

Stubendurchgang
Hierbei wird die Stube von einem oder mehreren Vorgesetzten auf Sauberkeit und Vollständigkeit geprüft (meist peinlichst genau) (In der **AGA** wurde täglich zum **Zapfenstreich** kontrolliert, ob alle Auszubildenden in ihren Betten lagen, ein Azubi musste hierbei in Uniform die Stube abmelden)

Stuben- und Revier–Reinigen
In diesem Zeitrum müssen die Soldaten ihre Stuben und ihr **Revier** putzen

StUffz
Stabs-Unteroffizier (siehe Dienstgrade)

Tango

Teileinheit	Eine Einheit ist in *Teileinheiten* unterteilt, die verschiedenen Aufgabenbereichen nachgehen. (z.B. die **Teileinheit** „Nachschub" ist für den Nachschub eingeteilt)
Teileinheitsführer	Chef der *Teileinheit*
Titania	Eine Disco in Hemau, ganz in der Nähe der Kaserne. Die Getränke sind dort extrem billig.

Uniform

UvD	Unteroffizier vom Dienst, er sitzt an einer Art Pforte des Gebäudes und sorgt darin für Ruhe und Ordnung, checkt, wer alles rein bzw. raus geht ... (bei uns haben diesen Dienst auch schon Gefreite ... gemacht)

Victor

Whiskey

Xray

Yankee

Zulu

Zapfenstreich	Zeitpunkt, zu dem alle Auszubildenden im Bett liegen müssen, bis auf den, der zum **Zapfenstreich** die Stube abmeldet (siehe auch **Stuben-Durchgang**)
Zugdienst	Der Aufpasser nach **Zapfenstreich** (in der **AGA**), bei ihm werden die Stuben abgemeldet u.s.w. (bei uns meist **Uffz, StUffz, Fw**)

Dieses Buch wurde mit der Unterstützung
und dem Knowhow der Firma WEsignU umgesetzt.
(Idee, Umsetzung, Cover, …)

www.WEsignU.de